JN071482

マドンナメイト文庫

禁断白書 忘れられない春の熟女体験

素人投稿編集部

第三章　待ちわびた性春に溺れてしまう悦び

第四章　豊潤な牝の果実を晒す美熟女の本能

※本書に掲載した投稿には、読みやすさを優先して、編集部でリライトしている部分もあります。なお、投稿者・登場人物はすべて仮名です。

第一章　春の陽気に誘われ乱れ咲く熟女の華

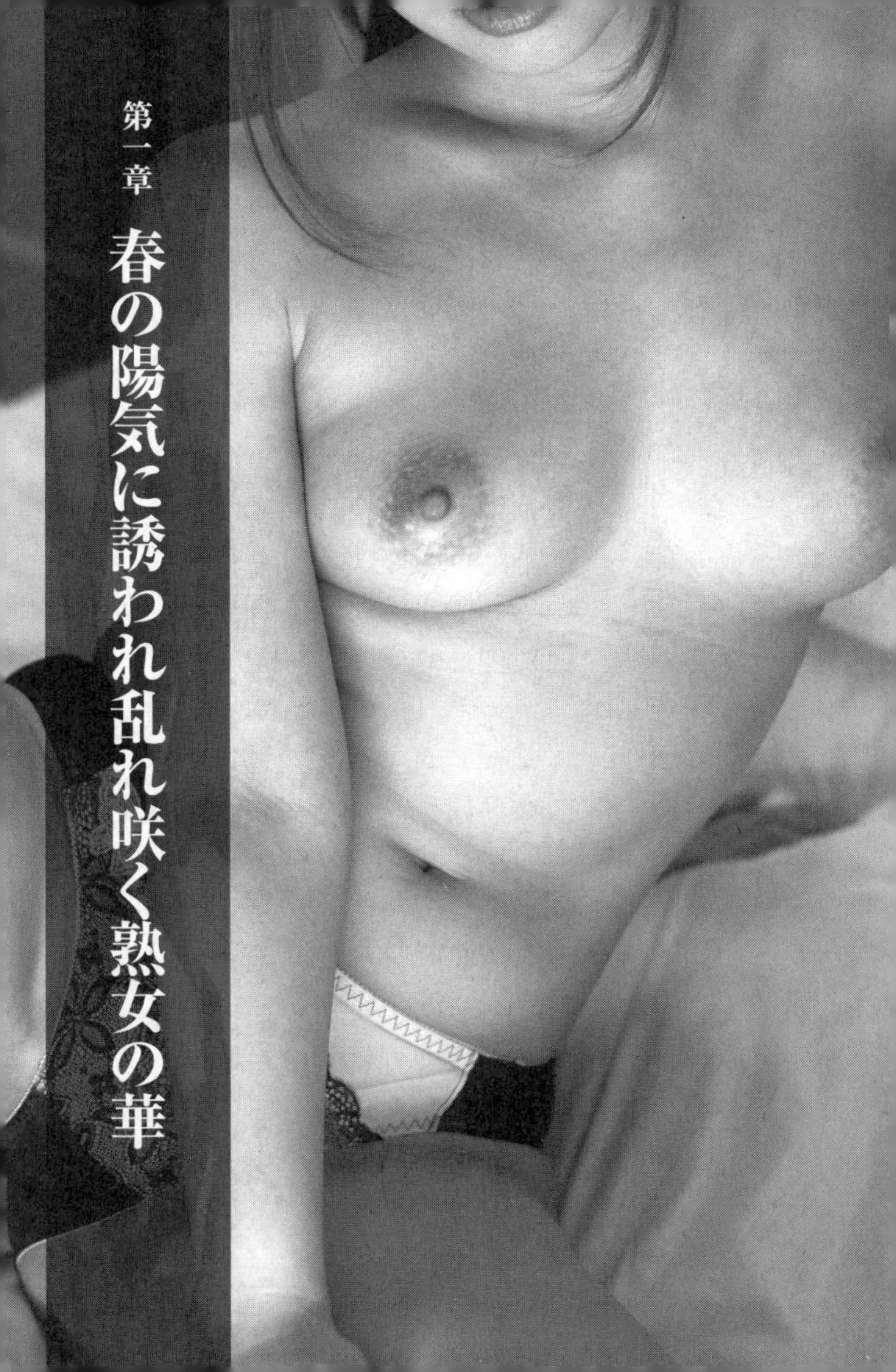

花見で知り合った熟女看護師と意気投合
激しい騎乗位と濃厚な顔面騎乗に悶絶！

真鶴健吾　会社員・三十四歳

二年前、会社で花見をしたときの話を聞いてください。

私が勤めている小さなデザイン会社は男性の四人しかおらず、女性は一人もいません。男ばかりということで、気楽になんでも話せる環境でした。

四月のある日、社内で花見をしようということになり、桜の名所として名高い近場の公園に出かけました。

季節柄、園内は大勢の人で賑《にぎ》わっており、私たちは偶然にも女性ばかりの団体のとなりに陣取りました。

年齢層は三十代から四十代くらいで、最初に声をかけてきたのは彼女たちでした。

もちろん断る理由はなく、喜んで誘いを受けると、彼女たちは看護師だそうで、ほとんどが既婚者でした。

向こうは八人、こちらは四人と、頭数は釣り合わなかったのですが、お酒が回りはじめると大いに盛り上がり、まるで合コンのような状態になりました。

私は美都子《みつこ》さんと莉佳《りか》さんという四十代の女性に挟まれ、正確な年齢はぼやかされました。

美都子さんは既婚でグラマータイプ、莉佳さんは独身で細身の体形。二人とも切れ長の目に唇がぽってりしており、色っぽさという点ではまさに両手に花という感じでした。

最初は看護師がいかにストレスが溜まる仕事かを聞かされたのですが、宴もたけなわに差しかかるころ、彼女らは欲求不満であることを匂わせてきました。

「私、もう何年も男の人とエッチしてないんですよ。だから、もう溜まっちゃって溜まっちゃって」

「私も最近は夫とさっぱりだから、久しぶりにしたいかも」

そのときは三人ともベロンベロンに酔っていましたので、かなり開けっぴろげな話もしていたと記憶しています。

意味ありげな視線を送られたときは、うれしさとともにスケベ心がむくむくと頭をもたげました。

これはもしや、この二人といい思いができるかもしれない。そう考えながらあたりを見回すと、ほかの同僚たちも別の女性たちといい雰囲気になっていました。

結局、花見は二時間ほどでお開きになったでしょうか。

その後、私を含めた男性陣は、それぞれ気に入った女性たちを連れて別々の場所に向かいました。

「カラオケに行こうよ！」

「いいわよ」

「俺の知ってるいいとこがあるんだ。ホテルなんだけど、カラオケも完備してて歌い放題だよ」

意味深に笑うと、彼女たちは甘く睨《にら》みつけてきました。

「やだ、変なこと考えてない？」

「違う違う！　そんなこと、少しも考えてないって。そこのホテルは女子会でも利用されてるし、それに女性二人なら安心でしょ？」

「あ、ひょっとして、Kホテル？」

「そうそう、知ってるの？」

「一度、女子だけで集まったことがあるの。すごくきれいなホテルだよね？」

莉佳さんがうれしそうに告げ、美都子さんも乗り気になり、私はさっそくスマートフォンで部屋の予約をし、タクシーでKホテルに向かったんです。

二人の頬はピンクに染まり、車内でもべったりくっついてきて、熱い息づかいが伝わってくるようでした。

頭の中ではくんずほぐれつの光景が浮かんでは消え、ペニスは早くも半勃起を保っている状態でした。

二人を同時に相手にするのは初めてのことで、あとはきっかけだけ。どのようにアプローチしたらいいか、そんなことばかり考えていたと思います。

ホテルに到着し、部屋に向かう最中も、二人は両脇から私の腕にしがみつき、あまりの幸運にこれは夢ではないかと疑ったほどでした。

室内は広々としており、大きなベッドのほかにガラステーブルやゆったりしたソファ、大画面テレビが設置されており、美都子さんも莉佳さんもはしゃいでいました。

とりあえず、私は冷蔵庫からビールを取り出して乾杯したあと、最初の予定どおりにカラオケを始めました。

ソファに座って順番に歌い、十五分ほどが過ぎたころでしょうか。莉佳さんがトイレに向かうと、美都子さんが顔をおおい被せてキスをしてきたんです。

「ん、むむっ！」

突然の出来事にびっくりしましたが、もちろん拒絶する理由もなく、私はマイクを放り投げてこたえました。

彼女の体は熱くほてり、なまめかしい舌を口の中に入れてきて、唾液をじゅっじゅっと吸われました。

まさか女性のほうから積極的に迫ってくるとは思わず、あれこれときっかけを探っていた自分が、ほんとうにバカみたいでした。

キスをしている間、美都子さんは股間のふくらみをなで回し、ペニスは瞬時にフル勃起しました。

あのときは、莉佳さんの存在が一瞬、頭から吹き飛んだほどです。

ズボンのホックをはずされ、ジッパーを引きおろされ、しなやかな指がトランクスのウエストをかいくぐって侵入しました。

「むっ、むふっ！」

手のひらが裏茎をなでさするたびに甘美な電流が走り、油断をすれば、すぐさま射精へのスイッチが入るほど昂奮しました。

私のほうはもうされるがままで、ソファに浅く腰かけ、もはや襲われている状態とほぼ変わりありませんでした。

「ちょっと、何やってるの⁉」

トイレの方角から黄色い声が聞こえ、横目でチラリと見やると、莉佳さんがムッとした表情でたたずんでいました。

やばいと思ったのも束の間、彼女は小走りで駆け寄り、となりに腰かけると私のシャツのボタンをはずしはじめました。

「あ、ちょっ……」

唇が離れると同時に驚きの声をあげたのですが、莉佳さんは意に介さず、シャツを脱がしにかかりました。

「ずるい！　抜け駆けは、だめなんだからね」

「いや、そんなつもりは……」

美都子さんに視線を振ると、彼女は舌舐めずりをしながら床に跪《ひざまず》き、ズボンをトランクスごと引きおろしました。

「……あ」

「やぁン、もうこんなになってる！」

ぶるんと弾け出たペニスは、自分の目から見ても、おどろおどろしい形状を見せつけていました。

パンパンに張りつめた亀頭、エラの突き出たカリ首、いまにもはち切れそうな青筋と、限界を越えて膨張していたんです。

よほど、昂奮していたんでしょうね。尿道口から、先走りの液が滾々《こんこん》と溢れていましたから……。

「シャツ、脱いで」

「あ、あ」

何がなにやら、無理やり上体を起こされ、シャツを脱がされたところで、私は全裸の状態にされてしまいました。

莉佳さんはさっそく唇に吸いつき、乳首を指先でいじり回しました。

その間、美都子さんはブラウスとブラジャーを脱ぎ捨て、上半身だけ裸になると、そり返るペニスをゆったりしごきました。

「む、むうっ」

めまぐるしい展開に目をしばたたかせたものの、性感はますます上昇し、私はいつしか3Pの状況を、とことん楽しもうという考えに集中していました。

驚いたことに、莉佳さんは私の右腕を跨《また》いで股間をこすりつけてきました。

彼女も昂奮していたのか、ショーツはひどく湿っており、明らかに大量の愛液を溢れさせているようでした。

やがて背に回した手でワンピースのファスナーをおろし、ブラジャーとショーツだけの姿になりました。

総レース仕様の漆黒のランジェリーが目を射抜き、私はかなり鼻息を荒らげていたのではないかと思います。

「う、ふンっ」

無意識のうちに右指が股ぐらに伸び、ショーツの上から恥部をまさぐると、甘ったるい声が洩れ聞こえました。

愛液がショーツからにじみ出した直後、私は布地を脇にずらし、陰部を剝き出しにさせました。そして鶏冠《とさか》のように突き出た肉の帯に指先をすべらせ、膣内粘膜をかきくじってあげたんです。

「ンぷっ、ふわぁっ」

莉佳さんが身を起こすと同時に、下腹部が巨大な快楽に包まれました。

美都子さんがたっぷりの唾液をペニスにまとわせ、乳房の間に挟み込んでパイズリをしていたんです。

「あ、おおっ」

最初は身を上下させて胴体をしごき、続いてまろやかな二つの乳房を交互に揺すり、チ◯ポをもみくちゃにしてきたのですからたまりません。

私は口を半開きにしたまま、刺激的な光景を瞬《また》きもせずに見つめるばかりでした。腕の先と股間で、にっちゅくっちゅと淫らな音が鳴り響き、視覚ばかりか聴覚までメロメロにされ、私はひたすら身をよじるばかりでした。

「あぁン、いい、いいわ、もっと、もっといじって」

莉佳さんもこちらの指の動きに合わせて腰をくねらせ、口からこぼれる吐息が甲高さを帯《お》びるころ、ヒップを大きくわななかせました。

「あ、やっ、やっ、やぁぁっ」

オルガスムスに達したとは思うのですが、あのときは意識が朦朧《もうろう》としていて確信はありません。

莉佳さんは息を一つ吐いたあと、床に下り立ち、私の足を大きく広げて美都子さんのとなりに腰をおろしました。

二人にとっては予定調和なのか、美都子さんはすぐさまパイズリを中断し、莉佳さんは勃起をシュッシュッとしごきました。

花びらのような唇がスッと開き、ペニスを呑み込んでいく様子はいまだに忘れられません。美都子さんもペニスの横べりから唇を這わせ、男にとっては夢のダブルフェラチオが繰り広げられました。

「あ、あぁ」

こんなおいしい体験が待ち受けていようとは、花見をする前は夢にも思っていませんでした。

じゅぷじゅぷ、じゅぱっ、じゅる、じゅるるるるっ！

二人は交互にペニスを奪い取り、派手な音を立ててておしゃぶりしました。

経験豊富な熟女だけにテクニックは抜群で、頬をぺこんとへこませ、口の中を真空状態にして、強烈な勢いで吸い上げてくるんです。

「あっ、ぬっ、くっ、ぐっ」

あのときは射精をこらえることに精いっぱいで、私は顔面汗まみれになりながら全身に力を込めていました。

美都子さんに玉吸いをされたときは魂を抜き取られるような感覚に陥《おち》い、狼の遠吠えみたいな声をあげたほどです。

ダブルフェラの間隔が次第に狭まり、顔の打ち振りが早まると同時に、私はいよいよ限界を迎えました。

初めての3P体験が大きな刺激を与え、昂奮に次ぐ昂奮から、とても我慢できなかったんです。

「あ、も、もう……」

放出の瞬間を遠回しに告げると、莉佳さんはペニスを口からじゅぽんと抜き取り、冷ややかな笑みを浮かべて言いました。

「だめよ、こんなんでイッちゃ……立って」

「はあ、はあ……え？」

「ベッドに行きましょう」

今度は美都子さんに手を引っぱられ、ベッドに連れていかれたあと、掛け布団がめくられ、シーツの上に寝かされました。

「私からでいい？　もう我慢できないの」

「いいわよ」

莉佳さんはそう言いながら私の下腹部側へ、そして美都子さんが頭側に座り込み、いやが上にも期待感に胸を躍らせました。

「スキン、取って」

ヘッドボードには避妊具が置かれており、そのときはペニスに装着するのだと信じて疑いませんでした。

ところが莉佳さんは、美都子さんから渡されたスキンを袋の中から取り出した直後、爪の先で破いてしまったんです。

いったい、何をするつもりなのか。目を丸くして見つめていると、細身の熟女はただのゴムと化したスキンを大きく広げ、ペニスに通してきたんです。

「え、え……!?」

あっけに取られる中、ゴム輪は根元をくぐり抜け、陰嚢の下でとめられました。

「あ、うっ」

「ふふっ、痛くない？」

痛みこそありませんでしたが、締めつけが強く、私はこの時点で彼女のもくろみを察しました。

「これで、少しはもつでしょ？」

射精を先送りさせるために、スキンを破いて陰嚢の真下に装着させるとは……。

熟女の飽くことなき性欲にびっくりすると同時に、やる気がよりいっそう高まりました。

「うふンっ……入れちゃうから」

莉佳さんは色っぽくつぶやくと、ブラジャーとショーツを脱ぎ捨てて全裸になり、美都子さんもスカートとショーツをおろしはじめました。

シャワーは浴びていないのですから、ムンムンとした牝のフェロモンが充満し、脳の芯がビリビリ震えました。

莉佳さんはペニスを垂直に起こして割れ目にあてがい、小振りなヒップをゆっくり沈めていきました。

「あ、あ……おっきいわ」

カリ首が膣の入り口に引っかかり、かすかな痛みが走ったのですが、唇をゆがめた瞬間、ぬめり返った膣肉が胴体をズプププッとすべり落ちていきました。

「は、おおっ」

「あぁぁン、気持ちいい」

ペニスはあっという間に根元まで埋め込まれ、しっぽりした粘膜が上下左右から、ペニス全体を包み込みました。

実は私、三十歳以上の女性と肌を合わせるのは初めてのことだったんです。

若い女性とは膣の中の感触がまったく違い、強すぎず弱すぎず、まったり締めつけてくる感触に背筋がゾクゾクしました。

莉佳さんは舌先で上唇をなぞり上げたあと、腰のピストンを開始し、バチンパチンとヒップが太ももを打ち鳴らしました。

「む、むうっ」

とろとろの媚肉が胴体の表面をもみ込むようにこすり立て、スローテンポのスライドにもかかわらず、快感が頂点に向かって昇りつめていきました。

「あっ、くっ、ぬっ、ぐふぅ」

腰をまったく使えず、私は苦悶《くもん》の表情を浮かべて腰をくねらせるばかりでした。

その仕草から、射精間近と判断したんだと思います。

「だめよ、まだイッちゃ！　次は、私の番なんだから」

美都子さんの声が聞こえてきた直後、目の前を大きなヒップがさえぎりました。

「あ、ぷっ、ぷっ！」

なんと私の鼻と口は、彼女の巨大なお尻でふさがれてしまったんです。

ぬるぬるした温かい女肉が前後にスライドしはじめ、いやらしい匂いが鼻から抜けるとともに、甘ずっぱい味覚が口の中に広がりました。

おそらく、息苦しさで射精願望を抑えようという魂胆《こんたん》だったのでしょう。

実際に酸素不足から気が削《そ》がれたのは事実ですが、莉佳さんの腰の打ち振りは激しさを増し、こなれた媚肉でペニスをこれでもかとしごかれました。

「むほっ、むほっ、むほぉぉっ！」

頭の中で白い火花が八方に飛び散り、下腹部に強烈な圧迫感が襲いかかりました。

とても我慢できずに、ヒップの下から放出を訴えた瞬間、美都子さんはヒップを浮かし、莉佳さんは腰をぐるんと回転させせました。

「あ、イクっ、イッちゃいます！」

「やっ、ちょっと待って！」

ほっそりした熟女はあわてて腰を浮かし、ペニスを膣から抜き取ったのですが、間に合わずに白濁液がびゅるんと迸《ほとばし》りました。

「やぁぁぁン」

「きゃあぁっ！」

精液は高々と跳ね上がり、放物線を描いて私の首筋まで飛び散りました。

もちろん一度きりの射精では終わらず、腰の奥で甘美な鈍痛感が走るたびに二発、三発、四発と放たれました。

「すっごい量だわ」

「あぁン、もう……あたし、まだイッてないのに」

快感の高波が次々と打ち寄せる最中、美都子さんと莉佳さんの声が遠くに聞こえました。

結局、ゴム輪にそれほどの効果はなく、射精を長引かせたのは一分ほどだったのではないかと思います。

私は両足を突っ張らせ、大の字の体勢になって喘いでいたのですが、意識が戻りはじめたとたん、あまりの光景にびっくりしました。

なんと美都子さんが足元に移動し、半勃《だ》ちのペニスを口に含んで舐め転がしていたんです。

「うふン、今度は私の番なんだから」

「あ、ううっ……ま、待って……時間を置いてから……」

「何、言ってるの。まだ若いから大丈夫でしょ？」

唾液をたっぷりまとわせ、ちゅぷ、ぷちゅ、ぶちゅと激しく吸引されると、自分の意思とは無関係にペニスが膨張しはじめました。

その間、今度は莉佳さんがすり寄り、耳元で甘くささやきました。

「その次は私だから。今度は簡単にイッたら、だめだからね」

熟女の性への執着心《しゅうちゃくしん》に背筋がゾクリとしたものの、性欲は怯《ひる》むことなく、ペニスは完全勃起していました。

美都子さんは待ってましたとばかりに腰を跨《また》がり、大股を開いて亀頭の先端を膣内に導きました。

肉感的な体のせいなのか、人妻だからなのか、抵抗感はさほどなく、ペニスは蜜壺の中に招き入れられ、あっという間に根元まで呑み込まれました。

グラマラスな女性って、あそこの中も肉厚なんですね。

もったりした媚肉でおおい尽くされ、こちらもペニスがとろけるかと思うほど具合がよかったです。

美都子さんはしょっぱなから、豊満な乳房がワンテンポ遅れて上下するほどの迫力で腰を打ち振りました。

「はあぁ、あなたのおチ○チン、硬い、硬くて大きいわぁ！」

「うっ！　うっ！　うっ！」

腰骨が折れそうな圧迫感に口元をゆがめる間、莉佳さんは再び私の乳首をこねくり回し、首筋をベロベロ舐めて、いやらしい言葉で刺激を吹き込みました。

「いい？　我慢するんだからね。濃厚な精液、私のときに一滴残らずしぼり取るんだから……」

「あぁっ」

湿った吐息に肌がひりつき、放出したばかりにもかかわらず、射精願望がまたもや急カーブで上昇していきました。

「ああ、やぁぁ、いい、いいわぁ！」

美都子さんは自ら乳房をもみしだき、まるでトランポリンをしているかのように腰を跳ね上げました。

既婚者ということで、性感は彼女のほうが発達していたのかもしれません。結合してから五分と経たずに恥骨を前後に振りだし、高らかな嬌声《きょうせい》をあげました。

「ああ、イクっ、いい、気持ちいいっ！」

「む、むふぅ」

「だめよ、我慢して！」

腰をふるわせると乳首をつねられ、射精欲求はボーダーラインを行ったり来たりしました。やがてギシギシとベッドが激しくきしむころ、美都子さんは髪を振り乱し、身をのけぞらせて絶叫しました。

「あぁぁっ！　イクっ、イクっ！　イッちゃううぅっ!!」

肉厚の膣襞がペニスをギューギュー引き絞り、危うく射精しそうになったのですが、すんでのところでなんとかこらえることができました。

美都子さんがベッドに崩れ落ちると、膣から抜けたペニスはたび重なる刺激から真っ赤に膨れ上がり、どろどろの愛液がまとわりついている様子は白蠟《はくろう》のようでした。

惚《ほう》けた表情で股間を見つめたのも束の間、莉佳さんがすばやく私の腰を跨いでペニスを握り込みました。

「ン、あ、あ、あ……」

性欲だけでいえば、ほっそり熟女のほうが強かったかもしれません。

膣に路がついていたのか、二回目はすんなり結合し、レゲエダンサーさながらの腰振りでペニスを蹂躙《じゅうりん》してきました。

「お、お、おおっ」

根元を支点にこなれた膣肉で勃起をもみしごかれ、もはや少しも我慢することはできませんでした。

「あ、出る、出る、出ちゃいます！」

「もう少し我慢して！　私もイキそうなの！」

歯を食いしばって耐え忍んでいたときは、かなりつらかったのですが、苦しみから解放されたあとはバラ色の天国が待ち受けていました。

莉佳さんは絶頂を迎えたあと、膣から抜いたペニスをしごき、それまで真横で恍惚《こうこつ》としていた美都子さんもかぶりついてきたんです。

「ああ、イクっ、イクっ！」

「いいわ、イッて、たくさん出して！」

「おお、イクっ！　イックぅぅぅ!!」

筋肉ばかりか骨までとろけるような快感にひたったものの、二人はそれでも満足せず、合計四回も射精させられ、ヘトヘトになるまで求められました。

翌日、会社に出ると同僚たちも疲れ切った顔をしており、どうやら私と同じ目にあったようでした。

おいしい思いはしたものの、欲求不満な女性の恐ろしさを味わった、忘れられない体験でした。

隣の部屋に単身赴任してきた男性を誘惑 極硬ペニスを熟れた巨乳で挟みつけ……

田中美佐江　主婦・四十三歳

とある地方都市に住む専業主婦です。結婚して二十年、子どもが二人います。毎日家事に追われるだけで、刺激のまったくない生活に正直うんざりしていました。

ところが数年前の春、生活を一変させてくれる事件が起こりました。

マンションのお隣に、素敵な男性が引っ越してきたんです。石崎《いしざき》さんという、四十五歳の渋いイケメンでした。引っ越しの挨拶にやってきた彼をひと目見て、私はいきなり胸がときめいてしまいました。それほど、石崎さんは私の好みに、どストライクだったんです。

十世帯ほどしか住んでいない低層マンションですから、共用スペースで顔を合わせることも頻繁でしたし、私はそのたびに声をかけて、些細な世間話をもちかけました。

その結果わかったのは、残念ながら石崎さんは妻子持ちで、会社の単身赴任でこの街に移ってきたということでした。本宅はかなりの遠方で、毎週末に帰ったり、ご家族がやってきたりするのは難しいということもわかりました。

奥さんと物理的に疎遠《そえん》ならこっちのものね……。

私は積極的に石崎さんにアタックするようになりました。彼の出勤時間を調べて、いかにもたまたまゴミ捨てに出て顔を合わせたようなフリをしたり、週末のお買い物に行くスーパーで待ち伏せしたり。

石崎さんも愛想のいい性格で、すぐに私たちの距離感は縮まっていきました。

郵便物がまちがって届いていたとか、お惣菜のおすそ分けとか、さまざまな口実をつけては、私は石崎さんのお部屋にまで上がるようになりました。

石崎さんはあまり整頓が得意ではないようで、部屋も散らかりがちな人でした。なので調子に乗った私が、お洗濯やお掃除までしてあげると、石崎さんは恐縮しながらも、けっこううれしそうな顔をしてくれました。

「ほんとうにすみません、お隣の奥さんにこんなことまでしてもらっちゃって……」

「いいんですよ。困ったときはお互い様でしょう？　それに石崎さんステキだから、私も尽くしがいがある……かな？　うふふ」

そんな会話が始まったのは、とある日曜の昼下がりのことでした。

ソファに二人きりなのをいいことに、私は露骨なアピールをしました。私は子どもを二人産んでますけど、スタイルにはまだ自信があるんです。薄手のニット越しに、大きなバストの形がくっきり浮き出すようにさりげなくポーズをとったり、スカートもすきだらけにすそを乱したりして……。

するとまじめな石崎さんは、困ったように顔を伏せます。

「尽くしがいだなんて……いやあ、ご主人に申し訳ないですよ」

「いいんですよ。ウチのダンナなんて寝に帰ってくるだけで、ろくに会話もないんですから。アッチのほうもすっかりレスだし……どうせなら、石崎さんみたいにステキな人の現地妻になっちゃいたいな」

私が意味ありげな目つきでじっと見つめると、石崎さんも子どもじゃありませんから、私がナニを求めているかは当然わかったみたいです。

「奥さん……その、ぼくは妻も子もいるし、仕事も大事だ……あまりそれを壊すようなことは困るんです」

煮えきらない態度にじれったくなった私は、かまわず石崎さんににじり寄って、ぴたっと体をくっつけました。手を、そっと石崎さんの股間に伸ばします。

「バレなければだいじょうぶですよ。二人で黙ってれば、誰も気づきませんから……

石崎さんだって、もう一カ月以上、奥様と会ってないでしょ？　だいぶタマってるでしょ？　お隣のよしみで、私がスッキリさせてあげます……」

　さわさわと股間を手で刺激してあげると、石崎さんのそこがみるみる硬くなってくるのがわかります。

「ほら、ムスコさんだって反応してきた……気持ちいいですか？」

「ああ、奥さん……ヤバいですって」

　そう言いながら、石崎さんの局部はどんどん大きくなっていきます。男の人の体って、正直なんですね。

「あんまり深刻に考えないで。お互いさびしい者同士、ちょっとの間、いいことして楽しみましょう……ね？」

　私がズボンを脱がせてあげると、もう石崎さんは抵抗もしませんでした。ボクサーブリーフの中では、元気なイチモツがもうパンパンにふくらんでいます。

　下着もおろすと、もう八分勃《だ》ちのモノがぽろんと私の目の前に出てきました。

「あん、すごぉい。石崎さんの、ご立派なんですね。ウチのダンナより大きいわ。勃ちもよくて、ほんとにステキ。ダンナのなんて、撫でてもしゃぶっても、もうピクリともしないんですもの」

久しぶりにいただく、力強い殿方のアレ……私はうっとりと見つめ、思わず頬ずりをしてしまいます。それから、立ちのぼるオスの香りを鼻から堪能《たんのう》します。この生々しいにおいは、かいでるだけでアソコが濡れてきちゃいます。

「じゃあ失礼して、ちょっとお味見させてくださいね」

ガマンできなくった私は、舌先で亀頭の先端をちろちろっと一舐めします。滲み出た先走り汁がしょっぱくて、ゾクゾクします。

私はさらに舌を亀頭全体に絡めるように、ペニスの美味を味わいます。口いっぱいに広がるいやらしい味に、舐めながら「んふぅん」とエッチな声が出ちゃいます。

「おお……奥さん、うまいんですね……」

石崎さんが、吐息混じりの声で言います。

「気持ちいいですか？　ほら、ここはどうですか？」

私は唇をじわじわ移動させ、もうキュッとなっているタマタマまで、ちゅうちゅうしゃぶってあげます。

「うーっ、そ、そんなとこまで……たまらないよ、奥さんっ」

イケメン男性が感じてくれる声を聞くと、私も燃えちゃいます。

すでにカッチカチに勃起してくれたソレを、私は両手で捧《ささ》げ持ち、ゆっくり呑み込んでいきます。こんなおしゃぶりさせてもらうのも久しぶりです。私は逞しいそれを舌と唇で思いきりしゃぶしゃぶさせてもらいました。

口全体でセックスしてるみたいに激しく頭を動かしてあげると、石崎さんも快感のあまり、天井を見上げて息を荒くしてくれます。

「おっ、奥さん……すごすぎですよ……はあ……」

「まだイッちゃいやよ。私だって、楽しみたいんだもの」

私は口のご奉仕をいったん止めると、自分で服を脱いでいきます。ほんとは脱がせてもらうのが好きなんですけど、そのときは私も発情しきってて、待ち切れなかったんです。

上下の下着もさっさと取り去って、素っ裸になった私は、石崎さんの上にのしかかって、キスを求めます。

石崎さんは、やっぱりイケメンだけに女馴れしています。消極的なくせに、キスはすごくじょうずなんです。舌の絡ませ方なんて、若いころはずいぶん遊んだみたいです。私はキスだけで、もうイキそうでした。

そのうちに石崎さんの手が、私のおっぱいに伸びてきます。乳房の責め方も、女の弱点をすごくよくわかってるんです。たっぷたぷのふくらみを優しくもんだかと思うと、乳輪の際からじらすみたいに指でくすぐって……。

「あふぅんっ、石崎さんもテクニシャン……もっと、もっと強くいじめてぇ」

私がおねだりすると、石崎さんの指は、やっといちばん感じる乳頭をコリコリと刺激してくれます。自分でも恥ずかしくなるくらい硬くなった乳首を、そんなふうに絶妙な強さで嬲《なぶ》られると、私は体が勝手にピクピクしちゃいます。

「はああんっ、いいわぁ、それ好きぃ」

「奥さん、おっぱい、敏感なんだね。大きくていやらしいおっぱいだ」

私はさらなる刺激を求め、体をずらしてピンピンになっている乳首を石崎さんの口元に持っていきます。

石崎さんの熱い唇が、ねっとりと乳首を包んで、ねぶってくれます。お乳全体がピリピリするような快感です。

さらに石崎さんは、絶妙な舌づかいで、過敏になっている乳頭の先端を右、左と、ちろちろ刺激してくれるんです。

「あぁん、石崎さん……舐めるのじょうず。大きいおっぱい、好き？」

「ああ、実を言うと巨乳には目がなくてね。ここだけの話、妻はペチャパイで、そこだけは不満なんだ」

そんなことを言われて、私はもっと石崎さんを喜ばせてあげたくなりました。

「なら今度は、おっぱいでサービスしてあげる」

私は石崎さんをソファに浅く座らせ、その膝の間にかしずくと、自慢のおっぱいを両手で持ち上げました。

ピンと上を向いている石崎さんのアレを左右のおっぱいでぎゅっと挟むと、私の大きな胸の谷間で勃起したジュニアくんは、すっぽり埋もれてしまいます。

「どう？　奥さんにはこんなこと、できないでしょ？」

石崎さんはうっとりした表情で、言ってくれました。

「おおっ、バイズリなんて結婚して以来、何十年もご無沙汰だよ。ううーん、奥さんのおっぱい、すべすべでたぷたぷで、たまらないなあ」

私がペニスを挟んだお乳をすりすり上下に動かすと、石崎さんはフェラチオのとき以上に満足そうに目を細めました。

その反応がうれしくて、私もますます興奮しちゃいます。体全体を使って、強く、弱く、おっぱいでいとしいアレを愛撫しました。ときには亀頭の先っちょを私のコリコリ乳首に押しつけたり、谷間からちょこんと顔を出した先っちょを舌でぺろぺろしてあげたり。

「くううっ、奥さんのテクニック、最高だよ……ち○こがとろけそうだ」

「あふぅ……石崎さんが感じてくれると、私も気持ちよくなっちゃう。あーん、石崎さんのガマン汁でおっぱいべとべと……ぴくんぴくんしててかわいい」

すると石崎さんは、そっと私の両肩に手をかけて、ジュニアくんを私のおっぱいから抜き出しました。

「ちょ、ちょっとタイム！　このまま出しちゃいそうだ」

「あん、いいのよ、ガマンできなかったらおっぱいでイッても。時間ならまだあるし」

私は壁の時計をちらりと見ました。今日は夫も子どもたちも出かけていて帰宅は夜です。四十代の男性でも、二回戦を始めるだけの時間はたっぷりです。

それでも石崎さんは、私を隣の部屋に導くと、ベッドに寝かせました。

「楽しむなら、ベッドでゆっくりやろう。それに、今度はぼくからしてあげるよ」

石崎さんたら、イケメンなうえに紳士的なんです。

それに、自分から奉仕するのも大好きですけど、やっぱり男性のリードで責めてもらうのに優るものはありませんもの。

上になった石崎さんは、おっぱいをしゃぶりながら、片手をじわじわと私のお股へと這わせます。

パンティもとっくに脱ぎ捨て、すでに丸出しになっている私のアソコに、石崎さんの長い指がタッチします。ビクンと腰が跳ねてしまう気持ちよさでした。

「ひゃ……そ、そこは、恥ずかしいから、あんまりいじっちゃイヤよぉ」

石崎さんは驚いたような声をあげます。

「おお、もうぐっしょりだね、奥さん。こんなにお汁溢れさせて……内ももまでべっとり垂れてるじゃないか」

「うん、お部屋に入ったときからずっと濡れてたかも。だって、今日は絶対、石崎さんとしようって決めてたから。想像しただけで、もう、びちょびちょなの」

私の顔をじっと見つめながら、石崎さんは指でぐしょ濡れな割れ目をすりすりとなぞります。

「人妻なのに、不倫セックスを想像してこんなに濡らしてたんだ。奥さんはほんとうに淫乱なんだね」

私のいちばん感じやすいところをくちゅくちゅしながら、石崎さんは甘い声でささやきます。私はもう、それだけで気持ちが高まってしまって、体全体がわなないてしまうんです。

「わ、私だって、何年もしてないんですもの……あひぃんっ！　そ、そこ弱いのっ！

ひさしぶりすぎて、ガマンできないっ！　あぁーっ、だめ許してっ！　そ、そこいたずらされたら、私、すぐイッちゃうからぁっ」

「いいよ……奥さんがいやらしくイク顔見せて」

石崎さんは私の顔をじっと見つめながら、巧みな指さばきでワレメちゃんをかき分け、自分でもそうとはっきりわかるほど勃起したクリトリスや、内側の感じる部分をいじり続けるんです。

もう何年も、オナニーすらしないでいた私の肉体が、こんな強い刺激に耐えられるわけもわりません。止めようもなく体がどんどん熱くなって、鼓動が速くなっていきます。やがて頭の芯がじーんとしびれてきました。

「ひぃぃーっ、も、もう無理ぃっ！　イッ……イックぅうっ！」

体をぴーんと弓なりにして、あっさりと達しちゃったんです。

石崎さんが、愛撫を続けながら耳元で言いました。

「すごいね。ほんとに敏感なんだね。イキ顔、すごいいやらしかったよ」

「やだ、恥ずかしい……夫にもそんな顔、見せたことないのに……」

あまりの羞恥で石崎さんの顔を見られませんでした。でも、そうやって軽く苛められる感じも、悪くないんです。イッて醒めるどころか、ますますスケベな気分になっていました。それに、自分だけ先にイッてしまったのも申し訳なくて……。

「ごめんなさい、私ばっかり……石崎さんも、気持ちよくなってほしいわ」

私はもう一度、石崎さんのナニをそっと握りました。そこは依然として雄々《おお》しく硬いままでした。

「最後は私の中で……ね？　タマってるもの、全部ぶちまけて？」

大きくお股を広げて、私、熱くふやけたワレメに石崎さんを誘います。

「ほんとにいいの？　ナマで入れちゃって」

「うん、ナマで欲しいの。早く、早くぅ……遠慮しないで、奥まで犯して」

石崎さんも興奮しきっていました。真っ赤に猛った勃起を自分で握ると、もうためらうことなく、私のすき間にそれを押しつけるんです。

力強く彼が腰をぐいと入れると、太くて長い男性自身が、ゆっくりと私の膣を貫いてくれます。

「あ……来るぅ……あぁすごい……石崎さんの大きいから、中、みちみちよぉ……んぐぅっ、ま、まだ入るのぉ？　すごい奥まで……」

「どう、ぼくのは……感じる？」

私は苦しい息の中で、何度もうなずきます。

「うん、すごくいい。ダンナの、こんなに奥まで来なかったもの……はああ、こんなのたまんない。石崎さんは……私のここ、気持ちいい？」

石崎さんも、ふーっと深い吐息を洩らしました。

「最高だよ。すごく締まるんだね、奥さんのここ。アツアツで、とろとろで。ほら、動くよ。ああ、いいなあ。すごく絡みついてくるよ、奥さんのマン肉……ああ……」

じわじわと、石崎さんは腰を動かしてくれます。

大きなアレがずずっと出ていくとき、また奥まで入ってくるとき、どっちもメロメロになるくらいの快感です。

「あはぁーっ、これよぉっ、これがずっと欲しかったのぉっ！　石崎さんのでアソコがいっぱいよおっ！　もっと、もっと動いてぇっ！」

「こう？　もっと激しくしていいの？」

石崎さんのピストンのギアが一段上がりました。短いストロークで、速くズンズンと突いてくれるんです。

こんな大きなペニスに、荒々しく膣をえぐってもらえる心地よさ。若いころ以来、ほとんど忘れていた悦びでした。

「はぁっ、はぁっ、こ、これ、好きぃっ！　いっぱい、いっぱい突いてぇっ！」

私のおねだりにこたえるように、石崎さんはさらに出し入れのピッチを上げてくれます。

こすれ合うアソコが火傷《やけど》しそうに熱く感じて、それと同時にとめどなく私の奥から愛液が溢れ出してきているのがわかります。私たちのつながり合った部分から、ぐちょぐちょとはしたない音が止まりません。

「あ、あ、あぐぅーっ！　イヤぁっ、壊れるーっ！　そ、そんなにされたら、ま、またイッちゃうっ！　ねえ、イッていい？　イッていい？」

「いいよ！　ほらっ、もっと乱れたイキ顔見せて」

私の腰が半分持ち上げられて、その真ん中に石崎さんの硬いモノがパンパンと猛烈に打ちつけられます。

さっき指でいたずらされたときの何倍もの快感が大波みたいに続けざまに押し寄せて、たちまち絶頂感が込み上げてきてしまいます。

「んはっ、はあっ、ああ、イクぅっ！　いやぁーっ、イクぅーっ！」

私は石崎さんの広い背中にしがみつき、止めることのできない快感に下半身をガクガクさせていました。

ピストンが止まってからも、私の荒い呼吸は続いていました。

ようやく我に返ると、私はアソコに納まっている石崎さんのアレが、まだ大きく硬いままなのに気づきました。

「ご、ごめんなさい……私ったら、また自分だけよくなっちゃった」

「かまわないよ。でも、ぼくももう少し楽しんでいいだろ？」

そう言うと、石崎さんは挿入したまま、私の体を軽々と抱き起こしました。

いわゆる座位の格好で、私と石崎さんは向かい合います。私は両腕を彼の首に回し、ぴったり密着して、どちらからともなく唇をむさぼり合いました。

石崎さんの長い舌に口の中を舐め回されながら、私は本能的にお尻をくねらせます。

そうすると、膣を貫いている石崎さんのモノが、私の中の淫らなポイントをぐりぐり刺激して、さっきのダイナミックなピストンとはまた違った心地よさです。

「ん……んんっ、この体位もすてきぃ！　おち◯ぽが、中でヒクヒクしてる……」

「ああ、こたえられないよ。奥さんのここ、さっきよりさらに締まってるよ。ほら、今度は奥さんのほうから動いてみて」

石崎さんから促《うなが》されて、私は彼にしがみついたまま、ずぷずぷと、お尻を上下に動かしてみます。

この下から突き上げられる感じも、悪くないんです。しかもさっきより相手に密着して、顔を見つめ合ったり、ディープキスしたりしました。まるでほんとうに恋人とエッチしてるみたいな感覚が、性感をよけいに高めてくれてるみたいです。

「くふぅんっ、私も、これ好きぃ！　さっきより感じるかも……はあぁ、いいわあ」

初めはじっくり、ねっちりとこの快楽を分け合うつもりだったんですけれど、内側で熱くそそり立つモノがあんまり気持ちよくって……自分でも気づかないうちに私ったら、お尻の動きをどんどん激しくしちゃってたんです。

「はああんっ、はあーっ、だめぇっ、やっぱりガマンできないっ！　気持ちよくって、腰の動きが止まらないわぁっ！」

石崎さんも、食いしばった歯の間から声を洩らします。

「ぼ、ぼくも最高に気持ちいいよっ。ああ、奥さん、もっと動いて」

私はもう夢中で、石崎さんの膝の間に座ったまま、ますます激しくお尻をバウンドさせます。膣の中で、石崎さんのそれはさっきよりさらに熱く、張り詰めていくのがわかりました。

亀頭のエラが私の奥の鋭敏なところにぐりぐり当たって、そのたびに私は「おおんっ、おひいっ！」とふしだらな声をあげてしまいます。もっと、もっと、この快楽を味わいたい。私の頭はもうそのことでいっぱいで、自分でもびっくりするほどのピッチで腰を弾ませつづけます。

「ああ、もう限界だよ、奥さん……このまま、ぼくもイッていいかい？」

ぜえぜえと喘ぎながら、石崎さんが訪ねます。私は彼の唇を舐め回しながら、彼にもっと喜んでもらえるようにいっそう膣を締め上げ、ピストンを速めました。

「いいわ、私が絞り出してあげる。いいから、中に出して。石崎さんの熱いの、中で感じたいの……好きなときに、出していいからぁ！　ほらっ、ほらっ、いっぱい動いてあげる。おまんまんでコスってあげるから、ガマンしないで、イッてぇぇっ！」

「あぁ、イク……出すよ、奥さんっ。うおぉっ！　あぁーっ！」

とうとうこらえきれず、石崎さんは獣のような声をあげました。

同時に私の中に、石崎さんの分身から、噴火のように精液が放たれるのがわかりました。

噴き上がった粘液が、子宮の中にまで届くのを感じた瞬間、私もまた頂点へと達してしまったんです。

「あん、あんっ、私もっ！　私もイクわあっ！　ひぃぃんっ！　イクぅーっ！」

私たちはしばらくそのまま抱き合っていましたが、やがて石崎さんはぐったりとベッドに倒れ込みました。さすがにお疲れになったみたいです。

私はぐったりしてしまった彼のものを、お口でお掃除します。ひさしぶりにたっぷり気持ちよくしてもらった、せめてものお礼のつもりです。

そのとき、ベッドサイドに置いてあった携帯電話が鳴りました。石崎さんのものでした。どうやら奥様からのようでした。

「ああ、うん、変わらず元気だよ。そっちは？　そうか。ああ、飯もちゃんと食ってるよ。うん、こっちの人たちともうまくやってるよ。ご近所さんも皆さんとてもいい人たちだし……」

そう言って石崎さんは、私をちらりと見て薄く笑いました。

石崎さんのペニスをちゅうちゅう頬張りながら、私はウインクを返しました。

もちろん、それ以降も私たちの関係は続きました。

「最初はすぐにも異動願を出したい気分だったんだけど、こんな最高の現地妻がいてくれるなら、当分あっちに帰る気は起こらないよ」

石崎さんはそんなふうに言いながら、今日も私を抱いてくれるんです。

いちご収穫のアルバイトに参加した私 農家の嫁の熟れた果実を味わい尽くし！

山本翔太　会社員・三十歳

これは私が大学を卒業して、何年かフリーターをしていたときの話です。決まった職に就く前に、いろんな経験をしてみたかったんです。なのでバイトも、あえておもしろそうなものや変わったものを探してやっていました。

そんなときに見つけたのが、新潟のイチゴ農家に住み込みで収穫の手伝いをするというバイトの求人でした。これはやりたいと思って、さっそく応募すると、運よく採用されました。収穫が最も忙しい時期、二カ月ちょっとの短期バイトです。

イチゴというと、クリスマスケーキを連想して冬の果物だと思っている人も多いと思いますが、本来は春の果物なんです。ビニールハウスで気候をコントロールして、最も需要の大きい十二月に合わせて栽培しているということです。

新潟でもビニールハウス栽培が行われているのですが、雪も多く、特に寒いので、いまでも新潟のイチゴの収穫と出荷がピークとなるのは四月から五月なんです。

ですから、私が新潟に出発したのは三月の末でした。

バイト先の農家は余っている土地でアパート経営もしていたので、そこの空き部屋に住まわせてもらいました。部屋は私が住んでいた東京のワンルームより、よっぽど広い2DKでした。もちろん家賃はタダですし、そのうえ食事も三食無料でいただけるという抜群の待遇だったんです。しかもアパートの周りは広々とした畑と森林、遠くに山々を望むすばらしい住環境でした。空気のおいしさはいまでも忘れません。

住み込みのバイトは私だけで、あとは通いでやってくる地元の大学生が三、四人いました。バイトといえども、収穫、選別作業、箱詰めと一通りの仕事をします。

仕事は朝の三時から始まって午前中いっぱいという感じでした。肉体労働はきついといえばきついのですが、慣れてしまえば、これもまた健康的な生活でした。

私たちバイトの指揮を執《と》るのが、その家の奥さんでした。

「翔太《しょうた》くん、こっち手伝って。そう、東京便の荷上げ」

年のころなら四十代後半で、テキパキと立ち働く女性でした。顔立ちはいやし系というのでしょうか、いま考えれば、男好きのするルックスだったような気がします。

なによりふだんから農作業で体を動かしているからでしょうか、抜群のスタイルだったんです。奥さんはツナギの作業着を着ていることが多かったんですが、けっこういまどきのカラフルなやつで細身なんです。ビニールハウスの中の作業のときは上着を脱ぐので、ヒップや太ももの肉づきが浮き彫りになってドキドキしました。

そんなひそかな楽しみもありつつまじめに働き、一カ月ほどしたころでした。仕事中にフラフラするなと思っていると、そのうちに動けなくなってしまったんです。慣れない農作業に私の体が悲鳴をあげたようで、けっこうな発熱でした。

「すごい熱ね。今日はもう部屋に戻って休んでなさい」

私の額に手を当てた奥さんがそう言いました。

部屋に戻って布団に入りウトウトしていると、お昼過ぎに、奥さんがおかゆと氷枕を持って部屋に来てくれました。

「また晩ご飯のときに持ってくるから、それまでゆっくり寝ててね」

いつもは母屋に行ってご飯をいただくのですが、持ってきてくれるというのです。

「すいません。ありがとうございます」

私はおいしいおかゆをお腹に入れて、泥のように眠りました。どのくらい眠ったのか、ハッと気づくと、奥さんが私の顔をのぞき込んでいました。

「うわッ、お、奥さん……」

「ごめんね、驚かせちゃったみたいで」

そう言って奥さんは、私の額にそっと手を乗せました。いつも農作業をしているのですが、長い手袋をして、スキンケアもしっかりしているのでしょう。奥さんの手はスベスベで、温かくて、そのやさしい感触に私はドギマギしてしまいました。

「もうすっかり熱は下がったみたいね」

「あ、はい、なんか気分もすっきりして、ウソみたいです」

「それにしても汗びっしょり。流したほうがいいと思って、さっきお風呂溜めはじめたんだけど、先に拭いたほうがいいね。また、ぶり返したらいけないから」

奥さんがあたりまえのように掛け布団をはがすと、私のパジャマの上着のボタンをはずし、Tシャツをまくり上げて、濡れタオルで体を拭きはじめました。

「えっ、だけど、あの……奥さん」

「いいから、翔太くんはジッとしてて」

そのとき奥さんはニットのワンピースを着ていて、作業着にも増して体のラインが浮き彫りでした。仕事のときは大きい帽子をかぶっているのですが、セミロングの髪がサラサラしていました。それで四つん這いになって、私の胸や腹をタオルでなで回すように拭いているのです。エッチな気分になるなというのが無理な話でした。

私は必死で別のことを考えようとしましたが、勃起せずにはいられませんでした。パジャマのズボンの股間に、明らかに不自然なテントが張っていました。あおむけの無防備な体勢では、それがバレないはずもなく、チラチラと視線を向けた奥さんが「すごいね」とつぶやいて、右手を私の股間に伸ばしました。

「アウッ、そ、そんな……奥さん」

そして四つん這いのまま私におおい被さるようになって、パジャマの上からペニスを握り、やさしくしごきながら、耳元でこうささやいたんです。

「熱を出すくらい一所懸命働いてくれて、ありがとうね、翔太くん。そのお礼に、気持ちいいことしてあげようかなって。こんなおばさんじゃ、イヤ?」

「いいえ、奥さんは、おばさんなんかじゃありません。俺、うれしいです」

「ふふっ、私もうれしい。じゃ、気持ちよくなってね……」

すると奥さんが私の首筋や鎖骨、胸板、そして乳首に舌を這わせてきたんです。

「うっ、ううぅ……そ、そんなとこ」

そのとき私はまだ、自分の乳首がそんなに感じるとは知りませんでした。ぴったりと吸いついた奥さんの唇の中で、小刻みに乳首が舌で弾かれて、我慢しているのに「んふっ」「はぅっ」と恥ずかしい声が洩れてしまいました。

たっぷりと乳首を舐めた奥さんの舌は、徐々に下へと這い下りていきました。肋骨をしゃぶり、わき腹を舐め回して、へその中にまで舌が差し込まれました。

「さすがに若いのね。腹筋が割れてる」

そんなことを言いながら、奥さんはまた乳首に吸いつき、舌で転がしてきました。ずっとペニスがしごかれていました。四つん這いの奥さんの体が、ときどき私の体にのしかかり、お腹のあたりに、水風船のような乳房の量感が伝わってきました。

「あふっ、んぐ、うむぐ、はうっ」

私は女の人にそんなことをされたことがありませんでしたから、頭の中がパニックになっていました。それでもとんでもなく気持ちいいので、バカみたいに喘いでいるうちに、気づくと、パジャマのズボンとトランクスをおろされていました。

「ああん、大きい、こんなに元気で……すごいよ、翔太くん」

ビクビクするペニスに直接さわりながら、奥さんが問いかけてきました。

「私の体も、見たい？」

私は声も出せずに、コクコクと何度もうなずきました。

「お風呂溜まったみたいだから、いっしょに入ろうか？」

そうして私と奥さんは、二人でお風呂に入ることになったのです。お風呂場も都会のユニットバスとは違い、浴槽も洗い場も広々としたものでした。

「恥ずかしいから、先に入ってお風呂につかってて」

私が湯船につかっていると、しばらくしてから、裸の奥さんが両手で胸と股間を隠して風呂場に入ってきて、浴室チェアに座って、シャワーを浴びはじめました。

「あんまり、見ないでね」

私の視線を感じるのか、奥さんがそう言いました。でも、奥さんのオールヌードは、作業着の上から想像していた以上に魅力的で、目を離すことなどできませんでした。

二つのゴムマリほどもありそうな乳房が揺れ動いていました。肌色のグラデーションを描く乳輪の上に、干しブドウほどの大きさの乳首がぷっくりしていました。

健康的に伸びた長い四肢、背中や腹部には、むだな脂肪がまったくないのに、豊かな乳房とまるまるとしたお尻が、なまめかしい曲線を描いていました。そして、仕事中は帽子と作業着で完全防備しているからでしょう、そのすべてが抜けるように白いんです。

浴室チェアに座って背筋を伸ばし、膝を閉め、爪先立ちで、泡立てたボディソープを全身になでつけていました。体をくねらせ、ヒップがうごめいていました。ゆるゆると太ももを開いて、内腿から股間も洗っていました。すると、シャワーで泡を流しながら急に奥さんが振り向いたので、ドキッとしてしまいました。

「翔太くん、こっちにきて。洗ってあげる」

「い、いいですよ、そんな……」

「私が洗いたいの。早くきて」

促《うなが》されて座った浴室チェアには、奥さんの温もりが残っていました。

背後で中腰になった奥さんが、手のひらでシャンプーを泡立てて、私の頭を洗いはじめました。髪の毛を洗う指先は、頭皮を愛撫するようにやさしくもみ込んできました。

「女性に頭を洗ってもらうなんて、初めてです」

「どんな感じ？」

「なんか……恥ずかしいです」

シャンプーを流しながら、奥さんが耳元でささやきました。

「じゃあ、体も洗ってあげるね……」

細い指が私の肩、背中、脇腹とボディソープをまぶしつけてきました。柔らかい手肌となめらかな泡の感触にゾクゾクしました。腋の下から伸びてきた両手が、なで回すように胸を洗い、指先が乳首を弾くたびに、ビクビクと反応してしまいました。

「さっきもあんなに感じてたし、敏感なんだね、乳首」

奥さんが私の耳を舌先でくすぐりながら、からかうように言いました。

「こんなに、コリコリさせちゃって」

切なげな吐息とともに、私の背中に水風船のような乳房の感触が伝わってきました。気をそらそうと思えば思うほど、海綿体に血が流れ込んでペニスが上を向きました。

「翔太くん、今度は立ってくれるかな」

とまどいながら立ち上がると、奥さんが私の前に回ってしゃがみ込んだんです。

「あん、すごい……さっきより大きくなってるね」

そう言いながら、たっぷりとボディソープを泡立てて、亀頭になでつけ、ペニスの根元をしごき、睾丸の袋をもみ上げ、蟻の門渡りにまで指を這わせてきました。

「どんどん、硬くなるよ」

「うぅ、だって、そんな洗い方されたら」

「ふふっ、うれしい……こういうのは、どお？」

立て膝になった奥さんが、バストを私の股間に押しつけてきました。上を向いたペニスを乳房の間に挟んで、両手で左右から押しつけました。そのまま腰と膝を使って背伸びを繰り返すように、上半身を上下させたんです。泡でヌルヌルの水風船のようなおっぱいに、亀頭から根元までがしごき回されました。

「くうっ、そんなこと……」

するとと奥さんが片手でシャワーを持って、乳房とペニスにお湯をかけました。きれいに泡を流しきると、うつむくように首を下に折り曲げて言ったんです。

「こういうの、男の子は好きなんでしょ？」

おっぱいの谷間から顔を出す亀頭に、ヌルリと奥さんの舌が密着してきました。舌先が尿道口をほじり、カリの窪みを舐め回し、亀頭の裏筋まで舐めつけてきました。トロトロと滴《したた》る温かい唾液に、ペニスが根元まで包まれていきました。

「はあぅ、いやらしいね」

そう言うと奥さんは、おっぱいでペニスの根元をムニュムニュともみながら、亀頭をぱっくりと咥えて、ジュブジュブと音を立ててしゃぶりはじめました。

リズミカルに頭を上下させて、亀頭を何度も口の中に出し入れさせていました。頰を大きく窪ませて吸引する奥さんの表情が、いつもと別人のようでした。

「うっ、うくッ、気持ちいい……です」

そのときの私は、大学時代に多少の恋愛経験があったので、童貞というわけじゃなかったのですが、女性が自分からそんなにいやらしいことをするなんて、思ってもいなかったんです。頭がおかしくなりそうなほど興奮してしまいました。

すると奥さんが、色っぽくほてった顔で言いました。

「翔太くん、部屋に行こうか？」

「……そ、そうですね」

バスタオルで体を拭きながら部屋に戻ると、布団のシーツが新しいものになっていました。私を先に風呂に入れて、奥さんが交換してくれたのでしょう。

全裸のまま奥さんが、真っ白いシーツの上にあおむけになって言いました。

「翔太くん、来て……さわって」

私は奥さんに寄り添うように体を横たえ、バストに手を伸ばしました。

奥さんの乳房は指をいっぱいに広げても、余るほどの大きさでした。指先に力を入れると、水風船のような柔らかさに埋まっていきました。指と乳房の肉が溶け合っていくようでした。興奮した指が勝手に動いて、グイグイともみしだきました。

「あっ、あっ、翔太くん、激しい」

下から奥さんが両腕を絡みつけてきて、私の頭をグッと胸元に抱き寄せました。

「んむぐ、ぐぐぅっ」

私の顔面が、たわわな乳房に完全に埋没してしまいました。

「私も……乳首、感じるのよ」

私は鼻先で水風船のような乳房の肉をかき分け、乳首を探しました。奥さんの清潔で女っぽい匂いが、鼻腔の奥まで満ちてきました。探り当てた干しブドウほどの乳首を口に含んで転がすと、奥さんの背筋がブリッジのようにそり返りました。

「ああっ、いっぱい吸って」

私が奥さんの乳房に唇を密着させて、その中でピンピンに勃起した乳首を必死に舌で弾き上げていると、狂おしいささやきが聞こえてきました。

「ね、翔太くん、アソコもさわって」

右手を奥さんの太ももの間に伸ばしていくと、迎え入れるように脚が開いていきました。私は自分を落ち着かせるように、ゆっくりと指を進めていったんです。

「あ、あぁ、そう……早く」

奥さんのヴァギナは、すでに驚くほどぬかるんでいました。中指でクリトリスをヌルッとなで上げると、ビクビクッと奥さんの全身が弾みました。

「そこ、そこよ……いっぱいさわって」

私は夢中で乳首をしゃぶりながら、クリトリスをこね回しつづけました。

「ああっ、私、すぐにイッちゃう！」

奥さんの全身が激しく痙攣しました。私が驚いて見つめていると、イヤイヤと髪を揺らして抱きついてきました。そして耳を舐め回しながら求めてきたんです。

「ね、もっとして。中に指を入れて」

私は右手の中指をヌルヌルの膣口に埋《うず》めて出し入れしました。膣の中の粘膜が奥さんのエッチな息づかいに合わせて、イソギンチャクのように締めつけてきました。いやらしいうごめきが、手首から二の腕にまで伝わってきました。

するると、奥さんが思い出したように言ったんです。

「そ、そこ……見たい？」

私はゴクッと唾を飲み込んで、首をコクコクと打ち振りました。

奥さんが私の中指をヌルッと引き抜き、上体を起こして、布団の上で長い両脚をM字に広げていきました。丸みを帯びた下腹部の下に、少しウェーブのかかった細めの陰毛でおおわれた、恥骨を包むぷっくりとした肉のふくらみが見えてきました。

私は這いつくばって、開いた内腿の間に顔を埋めていきました。

「翔太くん、そ、そんなに……」

奥さんのヴァギナからは、蜂蜜のような愛液が溢れていました。

「……いいわよ、もっと近くで見て」

奥さんの両手がM字に開いた自らの内腿を這い下りてきて、私の目の前で、小陰唇を左右に大きく広げていきました。ぱっくり開いたヴァギナの割れ目は、中心になるほどピンクが濃くなり、クリトリスから五センチほど下のところで、膣口が呼吸をするように収縮していました。頭がくらくらするほどのなまなましさでした。

「あぁ、私……自分から、こんなこと」

切なげにつぶやく奥さんの声が聞こえました。

「女がいちばん感じるとこは、どこ？」

私は答える代わりに指を伸ばして、プクッと勃起したクリトリスをさわりました。中指の腹で軽くこすり上げただけで、奥さんの下半身がビクビクと弾みました。

「ああッ、そおっ、そこよ！」

奥さんは白い内腿をヒクつかせながら、エッチな質問を続けてきました。

「さっき、指を入れたところは？」

私は右手の中指で膣の入り口をこね回しました。

「そ、そこに……今度は二本入れて」

中指に薬指を添えて膣口にグイッと押しつけると、ヌルッと埋まりました。すると奥さんが、ぐうぅっと背筋をのけぞらせて、訴えるように言ったんです。

「私はね、中も好きよ。すごく感じるの」

そして、両手を伸ばして私の右手首を握ってきました。

「こうやって、出したり、入れたり……あぁっ！」

ヴァギナに埋まった私の指を、奥さんが自分で動かし自分の中に突き入れ、引き抜いたんです。私は奥さんのエッチな道具になったような気分でした。

私が同じように指を動かすと、奥さんは手を離し、後ろ手に体を支え、大胆に開いたM字の股間を突き出して、せがむように問いかけてきたんです。

「そのまま、クンニ……できる？」

私は指を動かしながら、陰毛に鼻を埋め、舌先でクリトリスを舐め上げました。

「はうっ！　いいッ、いっぱい舐めて」

必死で手と舌を動かしつづけました。奥さんの匂いが鼻腔の奥までいっぱいに満たしてきました。指を締めつける膣粘膜が生き物のように収縮を繰り返していました。

「また、イッちゃう！」

叫んだ奥さんがせっぱ詰まったような視線を投げてきました。黒目がちの瞳がたっぷりとうるんで、怖いほど色っぽい顔でした。

私は逃げるように視線をはずして、さらに激しく指を出し入れしました。クリトリスには真空になるほど吸いついて、舌先を猛烈に動かしました。

「ああーッ、イッちゃう、イッちゃうってば！」

さらに私がクンニと指入れのダブル責めを続けると、大胆なM字開脚の奥さんの全身が、ビクッ、ビクビクッと爆《は》ぜるような痙攣を繰り返したんです。

「ダメダメ、イクッ、イックゥーーッ！」

浮き上がるほどヒップを振って、奥さんは二度目の絶頂に達したようでした。

私がクンニを止めて指も抜くと、奥さんは恥ずかしそうにセミロングの髪を揺らしながら、布団の上に突っ伏すようにして、うつ伏せになりました。

「ハッ、ハッ、感じちゃって、おかしくなりそう」

その姿に、私は目を奪われてしまいました。

スーッと流れ落ちる背筋のラインが、しみ一つないヒップに続いていました。太ももをキュッと閉めたポーズが、まるまるとしたボリュームを強調していました。

「さわっても、いいですか？」

「えっ……あ、お尻？　いいわよ」

私は膝立ちで奥さんの裏腿を跨《また》ぎ、両手でヒップをなで回しました。白くきめ細かい肌が、手のひらにしっとりと吸いついてきました。

たまらずもむように愛撫すると、柔らかい肉に指先が埋まっていきました。柔らかい肉の奥に、弾力に満ちた肉がうごめいていました。二重の感触を織り成すお尻の肉を、強く、激しく、もみつけました。

これでもかと左右の肉をもむたびに、お尻の割れ目が閉じたり開いたりして、その間から蜂蜜を引き剝がすような、ヌチャッ、ヌチャッ、ヌチャッというねばった音が聞こえてきました。興奮した私がさらに指先に力を入れて奥さんのお尻をもむと、グチャッ、グチャッ、グチャッと音がどんどん大きくなりました。

「いや、やめて……恥ずかしい」

困ったようにつぶやいた奥さんが、四つん這いになりました。

白いヒップがプルンと弾んで、愛液をたたえたヴァギナが剝き出しになりました。

「もう、欲しい……翔太くん、入れて！」

私はいきり立つペニスを右手で押さえて、丸いヒップに近づけていきました。脈打つ亀頭を膣の入り口に宛がい、ウエストをつかんで一気に腰を突き出したんです。

「あぁぁぁーっ」

奥さんのヒップが跳ね上がり、四つん這いの全身がググッと硬直しました。

「いきなり奥まで……す、すごい」

私は挿入の快感を深く味わおうと、大きく、ゆっくりと出し入れしました。

「ああっ、気持ちいいよ、翔太くんのオチ〇チン」

奥さんがそう言って、グッ、グッとヒップをしゃくり上げました。

「あっ、あんッ、もっと突いて！」

私はヒップを両手でもみくちゃにしながら、挿入のピッチを上げていきました。大きいストローク、激しいピストンで、奥さんにペニスを打ち込んだんです。

「ヒッ、すごい、翔太くん、いいぃッ！」

まるまるとした二つのお尻のふくらみの真ん中で、愛液まみれのヴァギナに、私のペニスがねばった音を立てながら埋まっては、姿を現してきました。

すると、四つん這いの太ももの内側から、奥さんの右手が伸びてきたんです。中指と人差し指が挿入部分をまさぐり、出入りを繰り返すペニスを挟みつけました。

「あぁっ、こんなに入ってるのね……私も見たい」

そう言って、奥さんがあおむけになりました。

私が正常位で入れようとすると、奥さんの両足が肩に乗っかってきました。そのまま肩を押し込むと、丸いヒップが高々と浮き上がったんです。その状態で奥さんは頭を持ち上げ、股間をのぞき込みながら両手を伸ばしてきました。

「これなら、私も見えるわ」

ペニスを両手の指でつまむようにして、ヴァギナに誘導していきました。亀頭が膣口に宛がわれた瞬間、すかさず私は腰を押し出し、ペニスを埋め込んだんです。

「ああッ、見える、見えるよ、翔太くん」

私はのぞき込む奥さんの視線を意識して、根元まで挿入し、亀頭が見えるまで抜き出す振幅の大きい出し入れを繰り返して、グチャッ、グチャッと音を響かせました。

「あッ、あッ、いや……いやらしい」

淫らな挿入を見つめながら、奥さんはセミロングの髪を振り乱していました。

「翔太くん、次は、私が上になりたいわ」

最後は奥さんが騎乗位になって、お尻がむっちりと私の腰周りにのしかかってきました。そのまま奥さんが両脚を踏ん張って、激しい出し入れを始めました。

私の胸板に着いた両手で体を支え、「あうッ」「はうッ」と声を出しながら、ムチッ、ムチッとお尻を打ちつけてきました。挿入部分から愛液が滴り流れて、私の陰毛、睾丸、腰骨まで濡らしていきました。奥さんの訴えるようなささやきが聞こえました。

「ああっ、翔太くんのオチ○チンの形がわかるぅ」

それから深く入れたまま、ウエストを支点にしてお尻を前後に振りはじめました。

「あッ、いッ、これもいい！」

ペニスの根元を締めつけられたまま、膣の中で亀頭の表と裏が交互に粘膜にこすりつけられて、私にとっても気が狂いそうなほどの快感でした。

「ああ、もっと、もっとちょうだい！」

貪欲に口走りながら、奥さんの腰づかいがさらに大胆になりました。騎乗位の強烈な腰づかいは、ペニスを深々と咥え込んだまま、激しいダンスを踊っているようでした。

「奥さん、も、もう、出ます！」

続けざまに精液が噴き上げました。

私がビクッ、ビクッと全身をヒクつかせても、奥さんのお尻は、うごめくように振りつづけられていました。ヌルッとペニスが抜け落ちるまで……。

「フフッ、また、汗びっしょりになっちゃったね」

いつもの笑顔に戻った奥さんと私は、抱き合ってキスを繰り返しました。

「翔太くん、誰にも言わないでね。私、すごくエッチなの」

それからバイトが終わるまで、奥さんは、毎日のように私の部屋に忍んできたんです。あのバイト募集は、もしかして奥さんの性欲解消も目的だったのかもしれません。

ジョギング仲間のメンズを自宅へと招き汗臭いチ○ポで子宮を突きまくられ……

緒川逸美　主婦・四十二歳

春になって暖かくなってきたので、ジョギングを始めてみました。

毎朝、夫と息子を送り出してから、家の近くの川のほとりを三十分ぐらい走るんです。といっても、ずっと運動らしい運動はしていなかったので、歩いているのとたいして変わらないゆっくりとしたペースです。

でも、春の日差しを浴びながらのジョギングは、最高に気持ちいいんです。

それに、毎朝同じ時間に走っていると、同じようにジョギングをしていると人たちと徐々に顔見知りになってきました。

「おはようございます！　今日はいい天気ですね！」

「おはようございます！　風が気持ちいいですね！」

そんな言葉を一言二言交わすのが、またすごく楽しいんです。

その中の一人、飯田《いいだ》さんは渋い感じの中年男性で、毎朝「がんばってますね！」と声をかけてくれていたんです。その声と笑顔がすごく心地よくて、いつしか飯田さんと会うのが楽しみになってきていました。

といっても、走るペースが違いすぎるので、いつも飯田さんが追い越しざまに一言声をかけてくれるだけなので、飯田さんがどういう仕事をしている人なのかとかも、全然わかりませんでした。

走っている時間帯的にも、普通の会社員ではなさそうで、ちょっと謎だったんです。そんなこともあって、飯田さんへの興味がどんどん大きくなっていったのでした。

私が気になるのと同じように、飯田さんも私に興味を持ってくれていたようで、ある日から、飯田さんは私のペースに合わせて併走してくれるようになったんです。

好意を持っている飯田さんといっしょに、いろいろ話をしながらゆっくり走るのは楽しくてたまりませんでした。そして、かねてから気になっていた職業についてたずねると、飯田さんはイラストレーターで、自宅でずっと座って仕事をしているので、健康維持のために毎朝ジョギングをしているのだとか。

イラストレーターなんて、平凡な主婦が知り合う機会はほとんどありません。かっこいいなあと思い、私はますます飯田さんにひかれていったんです。

そんなある日のことです。いつものように飯田さんと並んでジョギングをしていて、私の家が近づいてきました。飯田さんとそろそろお別れしなければいけないと思うと、もともと遅い走るスピードがますます遅くなっていくんです。

すると、そのとき、飯田さんがいきなり足をもつれさせて転んでしまったんです。

「痛たたた……」

飯田さんは膝を強く打ったようです。手で膝を押さえて、痛そうに顔をしかめているんです。

「大丈夫ですか？　私のペースが遅すぎるから……ちょっと膝を見せてください」

「いいえ。そんなことはないですよ。ぼくがよそ見をしてたからダメなんです」

よそ見って、いったいなにを見てたんだろうと思いながら、それよりも飯田さんの膝の怪我が心配です。ジャージをめくり上げてもらうと、膝から血が出ていました。

「私の家、そこなんです。手当をしますから、ちょっと寄っていってください」

私が自分の家を指さして言うと、飯田さんは「大丈夫です」と遠慮するんです。

「この時間帯は家には誰もいませんから、気をつかわないでください」

私が強く言うと、飯田さんは「それならお言葉に甘えて……」と言ってくれました。

そして、家に上がってもらって、傷口を消毒してあげたのですが、ほかに誰もいない密室で二人っきりでいることをふと意識したら、なんだか妙な雰囲気になってきたんです。しかも、椅子に座った飯田さんの前にひざまずいているという状況も、すごく淫靡な状況です。

不意に唾を飲み込むような音が聞こえました。私ではありません。顔を上げると、飯田さんが咳払《せきばら》いをして言いました。

「逸美《いつみ》さん……ぼく、もう自分をごまかすことはできません」

「えっ……なんのことですか？」

私はよろりと立ち上がりました。すると飯田さんもつられるようにして立ち上がったと思うと、いきなり私を抱き締めたんです。

「前からずっと、あなたのことが好きだったんです」

抱き締めたまま、飯田さんは私の耳元でささやきました。全身から力が抜けていき、私は抵抗することもできずに、飯田さんの胸に体をあずけつづけました。

飯田さんの言葉には驚きましたが、本心を言えば、飯田さんを家に上げるときに、こんな展開になったらいいなと、心の片隅で考えていたのでした。

私が抵抗しないことを確信したのか、飯田さんはいったん体を離し、今度は両肩をつかんで顔を近づけてきました。唇と唇がふれ合い、さらに強く押しつけられ、飯田さんは私の唇をこじ開けるようにして、口の中に舌をねじ込んできました。

「うっ、ぐぐぐ……」

とまどうようにうめきを洩らしながらも、私はすぐに飯田さんの舌に自分の舌をからめていきました。飯田さんも負けじと、私の舌を舐め回します。二枚の舌が絡み合い、ピチャピチャと音がして、そこに二人の荒くなった鼻息の音が重なるんです。

ディープキスをしながら飯田さんは、私の背中に回していた手を徐々に下のほうへと移動させていきました。

その手は腰のくびれを経て、すぐにお尻にたどり着きました。そして、ジャージに包まれた大きめのヒップの弾力を確かめるように、少し乱暴にもみしだくんです。

「んっ、んんん……」

舌をからめたまま私が切なげに喘ぐと、その声をもっと聞きたいというふうに、飯田さんは今度は私の股間に手を移動させせました。

「はっ、う……」

そこの敏感さはお尻とは比べものになりません。ジャージの上から感じる部分をグリグリと刺激されると、私はもう立っていることもできずに、その場にしゃがみ込んでしまいました。

するとと、ちょうど目の高さに、飯田さんの股間があるんです。そこは大きく盛り上がっています。ジャージの下でペニスが勃起しているのが、はっきりとわかるんです。

「どうしたんですか？　逸美さん、ぼくの股間が気になるんですか？」

「そ……そんなこと……」

顔がカーッと熱くなりました。だけど視線は股間に釘づけです。飯田さんはそんな私をじらそうとはしません。

「いいですよ……見せてあげますよ」

飯田さんはジャージとブリーフをいっしょに脱ぎおろしました。すると飯田さんの股間には、ペニスがもうはち切れそうになりながらそそり立っているんです。

「す……すごいわ。こんなになってるなんて……」

「実は、この家に足を踏み入れたときから、もうこうなってたんです。勃起してるのがバレたら軽蔑されるかと思って、必死に隠してたんですけどね」

「そんな……軽蔑なんてしません。だって私も……」

私はそのあとに続く言葉を呑み込みました。それは、「私のあそこもヌルヌルになってるんですもの」という言葉でした。だけど飯田さんには、実際には発することがなかったその言葉が聞こえたようでした。目の前で、ペニスがビクンビクンと頭を振るように動くんです。

「あぁぁ……なんてエッチなのかしら……」

私はほとんど無意識のうちに手を伸ばし、ペニスをそっとつかんでいました。

「うっ……逸美さんの手、冷たくて気持ちいいです」

「私の手が冷たいというより、飯田さんのものがすごく熱くなってるんだわ」

私はペニスを両手でしっかりとつかみ、その手を上下に動かしはじめました。

「ううっ……ううう……」

飯田さんは気持ちよさそうに顔をゆがめました。だけど、両手は体の横できつく握りしめて仁王立ちした状態です。その様子からは、もっとしてほしいという気持ちが伝わってくるんです。

「どうせなら、お口でしてあげたほうがいいですよね？」

「口で……？　ええ、ぜひ」

そう言う飯田さんのペニスはパンパンにふくらんで、いまにも破裂しそうなほど力をみなぎらせています。

私はその根元から先端にかけて、裏筋にツーッと舌先を這わせました。すると、カリクビのあたりを通過する瞬間、ビクンと震え、すでに完全に勃起していると思っていたペニスがさらに力をみなぎらせて、飯田さんの下腹にピタリと張りついてしまいました。

「うっうう……こんなになったのは久しぶりですよ」

飯田さんは自分の股間を見おろしながら、驚きの表情を浮かべて言いました。

この硬さは、私に欲情してくれているということなんです。夫とはもう三年以上、肌をふれ合わせていません。もう自分には女としての魅力がなくなってしまったのかと悲しくなっていたので、飯田さんのペニスの反応がうれしくてたまらないんです。

だからその思いを、私はさらに行為で表してあげることにしました。

「いっぱい気持ちよくしてあげますね」

ペニスを右手でつかんで手前に引き倒し、パンパンにふくらんでいる亀頭をパクリと口に含みました。そして、口の中の粘膜でねっとりと締めつけながら、首を前後に動かしはじめたんです。

すると唾液が大量に溢れ出てきて、それをすするジュルジュルという音をさせながら、私は一心不乱にペニスをしゃぶりつづけました。

「す……すごいですよ、逸美さん……なんていやらしいしゃぶり方なんだろう」

飯田さんは仁王立ちしたまま、私を見おろしているんです。その鼻息がすごく荒くなっています。かなり興奮してくれているようでした。そして、ペニスをピクピクふるわせながら告白してくれたのです。

「ああ、すごいですよ、逸美さん。逸美さんにこんなふうにしゃぶってもらえるなんて……ぼく、前から逸美さんのことが好きだったんです。本当は走るのはあんまり好きじゃないんだけど、たまたまジョギングしてみたときに逸美さんを見かけて、また会いたいって思いから、毎日走るようになったんです。その逸美さんにこんなことをしてもらえるなんて……ああ、今度はぼくが」

そう言うと飯田さんが腰を引き、その拍子にペニスが口からヌルンと抜け出て、唾液をまき散らしながら勢いよく亀頭を跳ね上げました。

「はあぁぁぁん……」

思わず名残《なご》惜しそうな声が出てしまいました。そんな私を軽々と抱え上げると、飯田さんは家の奥へと進んでいきました。

「寝室はこっちですか?」

そしてベッドを見つけると、そこに私を寝かせて襲いかかってきたんです。

「ああ、飯田さん。私も飯田さんのことが好きです。こういう関係になれたらいいなって思ってたんです……。もう好きなようにしてください」

「ありがとう、逸美さん。じゃあ、オッパイを……オッパイを見せてください」

飯田さんは私のジャージとTシャツ、それにブラジャーを剝ぎ取りました。

「ああ……思っていたとおりの美乳だ。プルプル揺れてて、すごくやわらかそうだ」

「いいんですよ。遠慮しないで、いっぱいさわってください」

「そ……それじゃあ……」

飯田さんは私に馬乗りになり、両手で乳房をわしづかみにしました。そして、パンでもこねるように乳房をもみしだきはじめたんです。

「あああん、飯田さん……んんん……」

「ああ、お尻も弾力がすばらしくてさわり心地はよかったけど、このやわらかさ……逸美さんのオッパイは最高です！」

感極まったように言うと、飯田さんは今度はオッパイに顔を埋《うず》めてきました。そして顔をこすりつけるようにしてオッパイの感触を楽しむと、ペロペロと舐めはじめました。

そのとき、私は不意に思い出しました。さっき春の日差しの下を走って、大量に汗をかいていたことを。

「だ、ダメです……さっきいっぱい汗をかいたからシャワーを浴びさせてください」

「大丈夫ですよ。逸美さんだって、ぼくの洗ってないペニスをしゃぶってくれたじゃないですか。それに、少し塩っぱいのも、逸美さんの汗の味だと思えば、毎朝いっしょにジョギングしているぼくとしては、なかなか感慨深いものがありますから」

飯田さんはそう言うと、円を描くようにオッパイの麓《ふもと》を舐め回し、その舌先を徐々に先端の乳首へと移動させるんです。

「あっ、はあああん！」

舌先が乳首に到着した瞬間、私は切なげな声を発してしまいました。すでに勃起していた乳首は、すごく敏感になってるんです。

「やっぱり、乳首は感じちゃうんですね」

「あぁぁん、恥ずかしいわ」

「恥ずかしがることはありませんよ。さあ、もっと気持ちよくなってください」

飯田さんは今度は乳首を重点的に責めはじめました。片方の乳首を舐めたりしゃぶったりしている間、もう一方の乳首は指で転がすように愛撫するんです。

そして、ひとしきり乳首を責め終えると、今度は私の下腹部へと手をすべらせ、ジャージのパンツの中にねじ込んできたのです。

「あっ……」

とっさに私は、飯田さんの手首をつかんでいました。

「どうしたんですか？」

「……恥ずかしいです。すごいことになってるから」

私がそう言うと、飯田さんの顔つきが変わりました。そして咳払いをしてから、無言でさらにパンツの奥へ手をねじ込んでくるのです。

私は飯田さんの手首をつかんでいましたが、それはただ形だけの抵抗でした。少しも力が入ってないんです。それはもちろん飯田さんにさわってもらいたいからです。

すぐに飯田さんの指先が陰毛にふれ、さらに奥のほうへと進みました。そして、その指先が割れ目にたどり着くと同時に、飯田さんが声を洩らしました。

「す……すごい……。ほんとうに、もうヌルヌルじゃないですか」

「だって、飯田さんと二人っきりでいるだけで興奮しちゃうんですもの」

「それって、こういうことを期待してのことですよね？」

飯田さんは割れ目の間に指を数回すべらせ、その何回目かで膣の中へヌルンと突き刺しました。

「はああっ……」

手首をつかんだままだった手に、思わず力を込めてしまいました。それと連動するようにあそこもキュッと締まり、飯田さんの指を押し出しちゃったんです。

「すごい締まりのよさですね。いったいどんなオマ○コなのか見せてくださいよ」

「ダメですよ、こんな明るい場所でなんて、恥ずかしいわ」

「ぼくのペニスだって見せてあげたじゃないですか。だから、いいでしょ？」

飯田さんは私のジャージのパンツと下着をつかみ、いっしょに引っぱりおろしました。

「ああん、いやっ……」

両手で顔を隠しながらも、私はお尻を浮かせて協力してしまうんです。

飯田さんはジャージと下着を私の足首から引き抜くと、それをベッドの横に放り投げ、私の両膝裏に手を添えて、腋の下のほうへと押しつけてきました。

「はああんっ……」

「す……すごくきれいですよ。ああ、色はきれいなピンクだし、マン汁にまみれてヌラヌラ光っているのもたまらない」

飯田さんはそう言うと、私の肉裂に口づけしてズズッと愛液をすするんです。

「はあぁっ……だ、ダメ……そ……それ、変な感じです」

私は飯田さんの頭をつかみ、押しのけようとしました。それでもかまわず飯田さんは割れ目の間を舐め回し、その舌愛撫を徐々にクリトリスに集中させてくるんです。

「そ……そこは……感じすぎちゃうぅ……はああ……」

「感じすぎちゃってくださいよ。ぼくのこの舌でイッちゃってください。そのあとで、ペニスでもイカせてあげますから……さあ！」

飯田さんはクリトリスを口に含み、乳首にしたのと同じように吸ったり、舌で転がすように舐め回したり、軽く甘噛みしたりするんです。久しぶりにされるクンニ。しかも大好きな飯田さんに舐められて、私はすぐに限界に達してしまいました。

「だ、ダメッ……はあああっ……ほんとにダメです！　はああんん……い……イク……イッちゃう……あっはあああん！」

ビクン！　と体をふるわせて、私は飯田さんを弾き飛ばしてしまいました。そして、胎児のように体を丸めて、苦しげな呼吸を繰り返していると、飯田さんが足首をつかみ、もう一度あおむけにするんです。

イッたばかりで体に力が入らない私は、飯田さんに向かってガニ股気味に脚を開く格好になりました。

「逸美さん、イッたんですね？　オマ○コがヒクヒクしてますよ。なんてエロいんだろう……今度はこれで気持ちよくしてあげますからね」

私の股の間に体をねじ込むようにしておおい被さると、飯田さんは手を使わずに器用にペニスの先端を膣口に押しつけてきました。

そして私に熱烈なディープキスをしながら、グイッと腰を押しつけるんです。その瞬間、私の膣壁を押し広げるようにして、硬いペニスが奥まですべり込んできました。

「あっはあああん……すごく奥まで届くぅ……あああん……」

私は下からぎゅっと飯田さんにしがみつきました。

「ううう……逸美さんのオマ〇コ……すごく狭くて、ヌルヌルしてて、最高ですよ。ああ、自然に腰が動いちゃいますよ。ううっ……ううっ……」

飯田さんはその言葉どおり、腰を前後に動かしはじめました。そして、その動きを徐々に激しくしていくんです。

「ああっ……いい……すごい……あああん……」

ズンズンと突き上げられるたびに、私は喘ぎながら体をのたうたせました。

毎朝ジョギングで鍛えていただけあり、飯田さんの腰の動きはすごく激しいんです。だけど、もう四十代になる飯田さんのセックスは、その辺の若者たちのようにただの力任せではありません。

不意に体を起こすと、ペニスを抜き差ししながらクリトリスを指でこね回しはじめたんです。

中をこすられる快感と、外を責められる快感が、同時に私に襲いかかりました。

「あっはあああん……すごい……すごいわ、飯田さん、あああああん……」

私はうわごとのように言いながら、体をのたうたせました。その様子を見おろしながら、飯田さんは中と外を同時に責めつづけるんです。

「ううう……逸美さんのオッパイがゆさゆさ揺れてて、すごくいやらしいです。ああっ……たまらない……たまらないよぉ……うううう……」

オッパイをわざと揺らそうとしているかのように、飯田さんはズンズンと子宮をペニスで突き上げてきます。そのたび、私は意識が飛んでしまいそうになるんです。

飯田さんの腰の動きは、さらに激しくなっていきます。

「も……もうダメです！　ううう……逸美さん、ぼく……気持ちよすぎて……」

射精の瞬間が近づいてきているのがわかりました。

「い……いいですよ。あああん……私もイキそう！　あああん、いっしょに……いっしょにイキましょ……あああん！」

「で、でも……」

「今日は大丈夫な日だから……ああん！　中に……中にちょうだい！」

私のその言葉が、飯田さんの中にある最後の堤防を決壊させたようです。

「な……中に？　いいんですね？　ああ、もうダメだ……出る！　ううう！」

飯田さんはひときわ奥までペニスを突き刺して、腰の動きを止めました。すると同時に、根元まで埋まったペニスが、私の膣の中で激しく暴れ回ったんです。

「ああ！　私もイクッ！　あっ、はあああん！」

そして私は、大好きな飯田さんの熱い精子を子宮に感じながら、エクスタシーに達してしまったのでした。

行為を終えた私たちは、汗まみれのままベッドの上で抱き合いました。その汗の量はほんとうにすごくて、二人の体がヌルヌルすべってしまうほどでした。

「いやだわ。こんなに汗をかいちゃって……ジョギングよりも、こっちのほうがいい運動になるかも……」

「そうですね……たまにはこの運動もいっしょにしませんか？　いいでしょ？」

「はい、もちろん……大歓迎です」

そんなやりとりをしたとおり、私たちはそれ以降も毎朝ジョギングをいっしょにしながら、週に一度はセックスでもいい汗を流しているんです。

第二章 運命の遭遇に肉体を求め合う男と女

初めての東京暮らしで体調をくずした僕 四十路の大家さんに勃起を目撃され……

中西陽一　会社員・四十五歳

学生時代、私は都内のとある小さなアパートで一人暮らしをしていました。

念願だった東京の大学に合格し、田舎から上京したのは三月の終わりごろです。

それまで実家暮らしだった私は、アパートに住むのも一人暮らしも初めてで、新しい生活が楽しみでなりませんでした。

ただ借りた部屋は狭く、実家の広さとは比べものになりません。木造で廊下を歩くとミシミシ音がするし、かなり古い建物でした。

一つだけいいところは、一階に住む大家さんが女性だったことです。

引っ越しをすませて大家さんの部屋に挨拶に行くと、優しい顔立ちのきれいな女性が出迎えてくれました。

「あら、わざわざ挨拶に来てくれるなんて礼儀正しいのね。ここは狭くて、なにかと不便はあるだろうけど、困ったことがあったらなんでも言ってね」

彼女の名前は明代《あきよ》さんで、年齢は四十五歳。私の母親に近い年齢ですが、もっと若く見えました。

なんでも若いころに離婚をして子どももいないので、ずっと一人暮らしなのだそうです。でも私のような学生がそばにいると、自分の子どものようでさびしくはないと笑っていました。

なにより目を引いたのが、彼女の胸の大きさです。ちょっと太めの体型で、服の上からでもわかる巨乳ぶりでした。

優しく明るいうえに、色気たっぷりの熟女とくれば、文句のつけようがありません。

しかも彼女は、私のことをとても気にかけてくれました。田舎から一人で東京に出てきた私がさびしくないようにと、なにかと声をかけてくれたのです。

自分で言っていたように、私のことは子どものように思えていたのでしょう。ちょっと過剰に干渉してくるのも本物の母親のようでした。

おかげで私は、ホームシックにもかからずに新生活を迎えることができました。

しかし大学がはじまって早々の四月に、私は熱を出して寝込んでしまったのです。

おそらくはインフルエンザだったのでしょうが、体がだるくて起き上がれなくなり、買い物にも行けませんでした。そうなると、一人暮らしなので食べるものもなくなってしまいます。

そんなときに私を救ってくれたのが、しばらく姿を見ないと心配して、部屋に来てくれた大家さんでした。

すぐさま寝込んでいる私を看病してくれ、必要だった食事も用意してもらいました。わざわざ食材を持ってきて、私の部屋でつくってくれたのです。

「すいません、こんなときまでお世話になってしまって」

「いいのよ、遠慮しなくても。早くよくなるように栄養のつくものを食べさせてあげるから」

一人暮らしではろくに料理もできず、それまではインスタント食品ばかり食べていました。

それに比べて大家さんのつくってくれた手料理は、とてもおいしいものでした。栄養たっぷりのおかゆに温かいスープ、デザートまで用意してあります。私がガツガツと食べるのを、大家さんはニコニコしながら眺めていました。

それから朝、昼、晩と、大家さんは私の部屋に来てくれるようになりました。食事の世話だけでなく、溜まっていた洗濯物や掃除までやってくれたのです。

ここまで至れり尽くせりだと申し訳ない気持ちでしたが、大家さんはまったく苦になっていないようでした。

おかげで私の体調も回復し、ずっと寝込んでいることもなくなりました。熱も下がって、インフルエンザの症状はほぼ消えていました。

それでも治ったように見せなかったのは、体調が悪いふりをしていれば、大家さんが部屋に来てくれるからです。

ずっと看病してもらっているうちに、私はすっかり大家さんに甘えるようになっていました。そればかりか体調がよくなってくると、性欲を抑えきれなくなってしまったのです。

大家さんが私の部屋に来てくれるときは、いつもジーンズにシャツといった、なにげない格好です。

しかしそんな普通の姿でも、私はムラムラしていました。食事をつくっているときなど、むっちりとしたジーンズのお尻をこっそり眺めながら、布団の中で勃起していました。

そうとは知らずに優しくしてくれる大家さんに罪悪感はあったものの、これればかりはどうしようもありませんでした。

ところが、そんな私の仮病もあっさりバレてしまったのです。

いつものように食事の世話をしにきてくれた大家さんが、料理をテーブルまで運んでくれました。

「どうしたの？　食欲がないの？」

「いや……」

私は勃起していて、布団から出ることができなくなっていたのです。下はパジャマなので隠しようがありません。不審そうに見ている大家さんの前で、私はどうしようかとあせりました。

すると大家さんが強引に布団をめくってしまい、股間を見られてしまったのです。

「あらっ……」

驚いたような声を出した大家さんを見て、私は恥ずかしくてたまりませんでした。最悪な形で、私がムラムラしていたことがバレてしまったのです。

しかし大家さんはそれ以上は何も言わず、黙って私の食事を見守っています。かえってそれが私には気まずく感じました。どうしたらいいのかと、大家さんも困っているのが伝わってくるからです。

すると突然、思わぬことを私に聞いてきたのです。

「もしかして……ずっと溜まってたの？」

「……はい」

私が正直に言うと、こう言葉を続けてくれました。

「私でよかったら……処理するのを手伝ってあげてもいいんだけど……」

思わず耳を疑ってしまいました。遠慮がちにですが、冗談で言っているのではないことぐらい私にもわかりました。

「でも、手を使うだけよ。それ以上は何もしないから」

「それで十分です……お願いします」

このチャンスを逃せば、もう二度としてもらえることはないないだろう。そう思って、私はすぐさま返事をしました。

食べ終えるのを待たずに私はパジャマを脱ぎ、下着をおろしました。

体調を崩してからは一週間以上、一度も抜いていません。しかも大家さんに見てもらえるとあれば、ふだんの数倍は興奮してペニスも硬くなっていました。

布団に横たわった私の勃起したペニスを、大家さんは恥ずかしそうに手で包み、ゆっくりと動かしはじめました。

私にとっては、初めてさわってもらう女性の手です。自分の手よりも温かくしっとりとしていました。

「これぐらいで、いい？」

「はい……気持ちいいです」

そっと包み込むように握った手は、軽くこするように上下に動いています。

私が痛がらないように気をつかってくれたのでしょうか。気持ちはいいものの、やや物足りない刺激でした。

そのとき私の目には、座ってペニスをしごいている大家さんの胸が映っていました。

初めて見たときから、一度でいいからさわってみたかった大きな胸。おとなしく横になっているだけでは我慢できなくなった私は、思いきってこう頼んでみました。

「あの、少しでいいですから、胸を……さわらせてもらえませんか？」

手を使うだけという約束だったので、断られるのも覚悟のうえでした。

しかし大家さんは、いったん手を止めると、静かに着ていたシャツを脱ぎはじめました。服の上からでもさわらせてもらえればよかったのに、ブラジャーまで取ってくれたのです。

露《あらわ》になった生の胸のボリュームに、私は目を奪われました。

Gカップかそれ以上はありそうなサイズで、大きな乳輪に乳首が突き出ています。

ほんの少し体が動くだけで、重そうに揺れていました。

「こんな垂れてきちゃった胸でごめんなさい。若いころみたいにきれいな形じゃないんだけど……」

自信なさげに言っていますが、まだまだ体は色気たっぷりです。上半身のむっちりとした肉のつき具合がたまりませんでした。

さっそく手を伸ばしかけましたが、その前に私はもう一つ、お願いをしてみることにしました。

「ついでだから……下も脱いでもらってもいいですか？」

すると大家さんは、黙ってジーンズも脱いでくれました。

はいていたのは地味なベージュ色のショーツです。さすがにそれは脱いでくれませんでしたが、下着姿でも十分でした。

大家さんが隣に座って再びペニスをしごきはじめると、私も下からすくい上げるように胸をさわらせてもらいました。

タプタプとやわらかくて、手のひらから肉がはみ出てしまいそうでした。

こんなにもみごたえのある感触は初めてです。手の中でいくらでも形を変える胸が、とてもいやらしい眺めでした。

ペニスをしごいている手も、だんだん速くなってきました。さっきまでは物足りなさを感じていた私も、さすがに快感が高まってきました。

ついでに空いていた手でお尻をさわってみても、大家さんは何も言いません。黙って私の好きなようにさせてくれます。

こうなったら、もっとすごいお願いをしてもいいんじゃないか……。

すっかり図々しくなっていた私は、さらにこう言ってみました。

「やっぱり手でしてもらうだけじゃ物足りないので……ちょっとだけでいいから、口でしてもらえませんか？」

すると大家さんは、一瞬とまどった顔を見せましたが、すぐに「わかったわ」と、股間に顔を埋《うず》めてきました。

「ああ……」

すっぽりとペニスが唇に吸い込まれたとき、私はたまらずに声を出しました。

大家さんの口の中は温かくて、唾液がいっぱいに溢れています。その奥にまで呑み込まれてしまうと、快感が爆発するように込み上げてきました。

「手でするよりも、こっちのほうが気持ちいいの？」

「はい……すごく」

私が言うと、大家さんも納得したようにペニスにしゃぶりついてくれました。唇の動きに合わせて、舌も絡みついてきます。私を気持ちよくさせるために、根元から先端まで、いやらしく舐めてくれました。

私の手も無意識に、大家さんのお尻ではなく股間をさわっていました。指をショーツの谷間に這わせると、そこはやけに温かくて湿っているようにも感じました。

「ンンッ……」

私が股間を何度もなでるので、大家さんのペニスを咥えた口からも小さな声が出てきました。

大きなお尻が、いやいやをするように揺れています。さすがにそんなところまで私にさわられるのは抵抗があるようです。

しかし私は、けっして指をショーツから離さずに、指先を深く食い込ませました。しばらくすると大家さんの抵抗も薄れ、おとなしくフェラチオに没頭するようになりました。

次第に口の動きが激しくなり、合わせてペニスを握る手も動きはじめました。

できるだけ長くフェラチオをしてもらおうと、ずっと快感に耐えてきましたが、それも限界に近づいていました。

しつこく舌でねぶられ、強くペニスを吸い込まれると、もう私は射精をこらえることを諦めました。

「あっ……出ますっ！」

そう叫ぶのとほぼ同時に、私は大家さんの口の中で発射してしまったのです。

あまりに突然だったので驚いたのでしょう。それまで動きっぱなしだった手と口がピタリと止まってしまいました。

私はそのままドクドクと射精を続け、たまらない快感に呑み込まれていました。溜まっていたせいか、いつものオナニーとは比べものにならない量です。なかなか止まらずに、何度も私は腰を浮かせました。

その最中も、大家さんはペニスを咥えたまま、右手でゆっくりと根元をしごいていました。

いつもは自分でやる精液の処理までやってもらえるなんて最高でした。しかも頼んでもいないのに、口を離すと精液をごくりと呑み込んでくれたのです。

簡単に飲み干すことができなかったのか、苦しそうな顔をしています。

私はそれを見届けながら、スッキリしていた反面、申し訳ない気持ちにもなっていました。

手厚く看病をしてもらったばかりか、大家さんの人のよさにつけ込んで性欲の解消までしてもらったのです。さすがに自分でもやりすぎてしまったことに気づき、反省しました。

「あの、すいません……こんなことまでしてもらって」

ところが大家さんは、謝る私に対し、まったく気にしていない様子でした。

「ううん、私もこういうのは初めてじゃないから安心して……でも、あんなにたくさん出るなんて思わなくて、ビックリしちゃった」

いつもの明るい笑顔を向けてくれたときには、大家さんが女神のように見えました。おかげでムラムラした気分もひとまず収まりました。これ以上はさすがに手を出そうとは思いません。

しかし大家さんは、処理が終わってもなぜか服を着ようともしませんでした。そればかりか、私の体にぴったりとくっついたまま、もじもじと何かを言いたそうにしているのです。

「ねぇ陽一《よういち》くん、私も……したくなっちゃった」

ようやく私に向かって、恥ずかしそうに小さな声でそう言いました。

私が驚いていると、大家さんは立ち上がってショーツを脱ぎはじめました。

よく見れば、ショーツの股間の部分には濃い色のシミが広がっています。私が指でさわっているうちに、そこまで濡らしていたのです。

「ごめんなさい、出したばかりなのに。でも、こんなになっちゃったから……」

そう言うと、わざわざ足を開いて股間を見せてくれたのです。

ぱっくり割れたあそこの内側は、びしょ濡れになっていました。しかもよく見えるように、自分の指でピンク色の穴の入り口まで広げてくれました。

そこまでして、私に発情していることを教えてくれた大家さんは、もう我慢ができないという顔で迫ってきました。

「お願い、一度だけでいいの……一度だけ私のわがままを聞いて」

「あっ、はい……わかりました」

私はたじたじになりながらそう返事をしました。ふだんの大家さんとは別人のような迫力だったのです。

それにしても、大家さんがこんなにセックスに飢えているとは思いませんでした。

長年一人暮らしをしてきたというだけに、まったく男の影は見当たりませんでした。ということは、私が火をつけてしまったのかもしれません。

すでに全裸になっていた大家さんは、もう一度ペニスを勃起させるために、フェラチオを始めました。

しかも今度は、私の顔に跨《また》ってシックスナインの姿勢です。大きなお尻とあそこが、すぐ目の前に迫っていました。ただでさえいやらしい眺めなのに、ムンムンと女の匂いがただよってきます。

「ンンッ……」

私も大家さんに負けじと股間にむしゃぶりつくと、ペニスを咥えた口から声が洩れてきました。

先ほどよりも激しく大家さんの口が動き回ります。もうペニスは勃《た》っているのに、なかなか離そうとはしません。

私が舐めているあそこも、ものすごい濡れっぷりでした。舌を走らせるとお尻の穴までヒクヒクと動き、愛液が溢れてくるのです。

「ああ、もうダメっ……そのまま動かないで」

大家さんはそう言うと、大急ぎで私の顔から腰の上にお尻を移動させました。

ペニスをつかむと、股間にあてがって腰を落としてきます。もちろん避妊具もつけない、生のままでした。

にゅるりとあそこに吸い込まれた私は、たちまち快感に包まれました。

初めてのセックスで、相手は熟れきった年上の女性です。ぬかるんでやわらかな膣内は、とても具合のいいものでした。

「ああ……こんなに硬いの、久しぶり」

大家さんはうれしそうな声で、腰を振りはじめました。

下になっている私は、大家さんの背中とお尻の動きを眺めているだけです。腰を落とされているので、まったく身動きがとれません。

しかし、じっと横になっているだけでも、快感が休みなく押し寄せてくるのです。ペニスを呑み込んだお尻が、上下にクイクイと動くたびに、私は声をあげそうになりました。セックスがこんなにも気持ちいいものだとは、想像していませんでした。

大家さんの腰づかいも、すさまじいものでした。激しい運動は苦手そうな体つきなのに、かなりのスピードでお尻が揺れています。

「あっ、き、気持ちいいです」

私の声も、大家さんの耳に届いているのかわかりません。夢中になって、ひたすら腰を振りつづけているのです。

このままでは、またあっけなく射精してしまうと思った私は、歯を食いしばって耐えました。

「いいっ、すごいっ！　もっと、もっとちょうだいっ！」

大家さんの喘ぎ声も、ますます大きくなってきます。

幸いだったのは、昼間でアパートの両隣の部屋には人がいなかったことです。もし誰かいれば、まちがいなく声が筒抜けになってしまっていたでしょう。

しばらくすると、ようやく大家さんの動きが止まりました。

ホッとしていましたが、これで終わったわけではありません。いったんペニスを引き抜いて体を反転させると、再び騎乗位でつながってきました。

今度は向き合いながら、お尻を強く押しつけてきます。グイグイと上から圧力をかけながら、力を入れて締めつけたり、ペニスをこね回すように腰を回転させたりしました。

これまでの単調な動きとは違い、変化をつけた動きです。私の発射が近いことを察し、少しでも長もちさせようとしたのかもしれません。

「もう少し、もう少しだから……それまで我慢してね」

そうお願いをされはしたものの、私もすでに限界が近づいていました。

「ダメです、出そうです……」

私がそう言っても、大家さんの腰の動きは止まりません。それどころか終わりが近いことを知ると、再びペースを速めてきました。

とうとうこらえきれなくなった私は、最後に下から腰を突き上げてやりました。

「あひぃっ！」

大家さんが悲鳴をあげるのとほぼ同時に、二度目の射精を果たしました。

口の中に出したときよりも、さすがに射精の量は少なかったようです。それでも快感は、負けないくらい大きなものでした。

最高の気分で童貞を失った私は、しばらく放心状態で天井を見上げていました。

気がつくと、大家さんは私の上に乗ったまま、こちらを見て微笑んでいます。いつもの優しい大家さんの顔でした。

「すごく久しぶりだったから……みっともないところを見せて、ごめんなさい」

乱れてしまった自分の姿を思い出したのか、とても恥ずかしそうにしていました。

これ以上は体を求められなかったものの、病み上がりで二回連続の射精はかなり疲れました。そのおわびとお礼も兼ねてなのか、大家さんはスタミナのつくものをご馳走してくれました。

その後も大家さんは、たびたび私の部屋へセックスをしにくるようになりました。

どうやら私に抱かれて、すっかり体が目覚めてしまったようです。性欲は私よりもはるかに強く、一晩に何度も求めてくることもありました。

やがてセックスも食事もすべて面倒を見てもらうようになり、そうした関係は私が大学を卒業するまで続きました。卒業後、私は地元に戻って就職し、それっきり東京に出ることはありませんでした。

いまでも私は桜の咲く季節になると、大学時代のなつかしい日々を思い出します。そしてもう一度あのころに戻ってみたいと、しみじみ思うのです。

娘の入学式で再会したかつての同級生
淡い想いが甦り互いの性器を貪り合い！

林洋子　主婦・四十一歳

二年前、娘の高校の入学式に出席したときの話です。

よく晴れて、桜も満開になった入学式日和《びより》でした。

体育館で開かれた式には、大勢の保護者が来ていたのですが、式が始まる前、その中に見覚えのある男性を発見しました。よく見ると、私の高校時代のクラスメイトだったのです。

彼の隣の席がちょうど空いていたので、近くに行って声をかけてみました。彼は、私の顔をしばらく見てから「あっ！」と声をあげました。

実に二十数年ぶりの、偶然の再会でした。

お互いに、だいぶ変わっていましたが、もっとも楽しかった青春の一ページに載った顔は覚えているものです。

ただ、当時はほとんど話したこともありませんでした。

彼はまじめでおとなしい性格でしたが、私は真逆で、メイクをして学校に行くようなギャルだったからです。

一度だけ、体育祭のフォークダンスで手を繋いだことがありましたが、彼との思い出と言えばそれくらいでした。

それでもなつかしさから昔話に花が咲き、式が始まるまで、互いの近況などを報告し合っていました。

彼の娘さんも、うちの子と同じ高校に入学したことや、奥様と死別して、男手ひとつで育ててきたことなどを話してくれたのです。

「まぁ、じゃあいまは独身なの？　恋人は？」

聞くと、彼は照れくさそうに首を振りました。

「結婚はしたいけど、なかなか、いい相手がいなくてさ……」

パリッと背広を着こなして、貫禄のある立派な紳士に見えましたが、そんなふうに、はにかむ笑顔は昔のままでした。

「もったいない。私が独身なら、喜んで結婚するのに」

冗談めかして言いましたが、実は、我が家の夫婦関係は冷え切っていたので、まんざら嘘でもありませんでした。

その後、無事に入学式を終えて保護者会がすんでから、校庭の桜の前で、娘の記念写真を撮っていました。そのとき、彼が声をかけてきたのです。

「よかったら、いっしょに撮ってあげるよ」

娘さんは先に帰ってしまったらしく、彼は一人でした。

「あら、それじゃあ、お願いしようかしら。ありがとう」

彼にスマホを渡して、娘と並びました。娘が「この人、だれ？」とささやいてきたので、偶然会った同級生よと教えてあげました。

すると娘も気を利《き》かして、「じゃあ二人で撮ったら？」と、私と彼を並ばせて、二人のスマホで記念の写真を撮ってくれたのです。

撮影が終わると、娘は彼氏に会う約束があると言って、駅に向かって走り去っていきました。

その後ろ姿が見えなくなって振り向くと、彼が「このあと食事でもどうかな？」と誘ってきたのです。

同級生なのだから、食事をするくらい不自然でもないのですが、昔のおとなしい彼を思うと、人妻の私を誘ってきたことが意外でした。

「なつかしくて、その……なんだか、離れがたくてね」

そんなふうに言われれば、悪い気はしません。私も、久しぶりに正装して出かけてきたので、町を歩きたい気分でした。

歩くときも食事をするときも、優しくエスコートしてくれる彼と、ぶっきらぼうな夫とを、つい比べてしまいました。

「ずいぶんと、素敵な紳士になったわね」

食後のコーヒーをすすりながら、あらためて、変化した彼を見つめて言いました。

「いやいや。今日はカッコつけているだけさ。こんな美人の前だからね」

ありふれたお世辞とわかっていても、男性からほめられるとうれしいものです。

「昔から、美人で人気者だったよね。実は秘かに、あこがれていたんだよ」

おとなしい彼が、積極的に誘ってきたのには、そういう理由があったのだと知って驚きました。当時は、そんな素振りをまったく見せなかったのです。

「さっき、制服姿の娘さんを見て、きみの高校時代を思い出していたよ」

相手の好意を感じるうちに、私のほうも、だんだんと離れがたくなっていました。

だから、店を出て「もう少しいっしょにいたい」と言われたときは、二つ返事でオッケーしたのです。

お酒を飲むにはまだ時間が早く、しばらく二人で散歩しました。

町のあちこちに咲く桜を眺めながら、夫以外の男性と肩を並べて歩いていると、自然に心が弾んできて、年がいもなく手を繋ぎたくなってしまいました。

偶然再会した同級生に、熱い思いを告白されたという、不倫ドラマみたいなシチュエーションに、酔っていたのです。

異様に体がほてるのは、ポカポカ陽気のせいだけではありませんでした。

手を握ると、彼は一瞬驚いたようでしたが、すぐに顔を真っ赤にして笑いました。

「おいおい……ぼくはうれしいけど、誰かに見られたらマズいんじゃないか？」

「じゃあ、誰にも見られないところへ行けばいいんじゃない？」

そう言って、私からホテルに誘いました。返事の代わりに、彼は繋いだ手に力を込めてきました。

意識したとたん、二人とも無口になって、足早にホテル街に向かいました。まるで、高校生カップルみたいに、ぎこちなくホテルに入ったのです。

部屋のほとんどを大きなベッドが占めていて、その脇に、小さなラブソファが置かれていました。並んで座ると否応なく、体がくっつきました。

人目から逃れて安心すると、淫靡な部屋にいるという高揚感に包まれました。すぐにでもベッドに押し倒してほしいと思うほど、ムラムラしてきたのです。

「誤解しないでね。私、結婚してから浮気なんて一度もしたことないのよ」

それは本当のことでした。ギャルなんてやっていた子ほど、大人になると、一途な良妻賢母になるものです。

「わかっているよ。きみは、男が簡単に手を出せるような女じゃないからな」

その言葉には、あこがれていた女には、そうであってほしいという願望が込められているように感じました。

「ちょっと買いかぶりすぎよ。ほら、もうすっかりオバサン体型で恥ずかしいわ」

せっかくホテルに入ったというのに、彼は緊張している様子で、なかなか手を出してきませんでした。もどかしくなって、ジャケットを脱いでみせたのです。

ジャケットの下は白いワンピースで、下着が少し透けていました。

「ぼくはむしろ、いまのほうが好きだな……ふっくらとして、とても女性らしい」

全身を見つめられて、そんなふうに言われると、うれしくて、体のほてりが激しくなってきました。

そのころ夫は、どんなにおしゃれをしても、髪形を変えても、気づいてくれなくなっていました。

「あなたもその堅苦しい背広を脱いで。今日は夫も遅いから、ゆっくりできるの」

私も緊張していましたが、気まずくなってしまわぬように、少しずつ体にふれていきました。

奥さん気取りで上着を脱がせてやり、ネクタイをゆるめてあげると、彼が照れ隠しのように言いました。

「中年太りで恥ずかしいのはぼくのほうだよ。こんなことなら鍛えておくんだった」

突き出したお腹に手を当てて、「かわいいわ」となでてあげると、彼は股間を隠すようにあわてて腰を引きました。

お腹をさわっただけなのに、ズボンの股間がムクッと動いたのが見えました。夫としばらく寝ていなかったので、反応のよい男性器に目を奪われました。

「そ、そうだ……きみはいいけど、ぼくはシャワーを浴びようかな」

立ち上がろうとした彼の袖口をつかんで引き留めました。

「いやん！　そんなのあとでいいじゃない……私、もう待てない」

とうとう催促してしまい、自分から顔を寄せてキスをしました。

初めはチュ、チュと小鳥のようなキスをしていましたが、しだいに興奮してきて、互いの口の中にねじ込んだ舌を絡ませて、強く、激しく吸い合いました。

鼓動が速まるにつれ、脚の間がシュンシュンと温まり、陰部がじんわりうるんできました。まさかキスだけで、そんなに濡れてしまうなんて、思ってもみませんでした。

眠っていた性欲に火をつけたのは、気の利いたセリフでも、巧みな愛撫でもなく、脳裏に浮かんだ彼の、冴えない少年時代の姿でした。

彼は唇を離そうとせず、キスしたまま、遠慮がちに胸元をまさぐってきました。

「あっはん……ねえ、服を脱がせて。じかにさわってほしいの」

ワンピースのファスナーをおろしてもらうため、彼に背中を向けて、両手で髪を持ち上げました。

彼が、ゴクッと唾を飲む音と、ゆっくりとファスナーをおろす音が聞こえ、開いた背中に熱い息がかかってきました。

「ブラも、はずしてね」

最近は、背中にまで贅肉がついて、食い込んだブラを見られるのは恥ずかしかったのですが、込み上げる疼きのほうが勝っていました。

上半身が露《あらわ》になると、後ろから抱きすくめられました。巻きついてきた彼の腕は熱っぽく、それだけで乳首がビンと硬くなりました。

「胸が、感じやすいの……お願い、もんで」

せがむと、かすかに震える指先が、丸い乳房をむぎゅっと圧《お》し潰してきました。胸をもまれながら、うなじや肩に吸いつかれると、全身が粟立《あわだ》ちました。

「痛くないかい？　実はぼくも、妻以外の女とやったことがないんだよ」

自信なさげにゆっくりと胸を這う、無骨な指を見つめていたら、頭に浮かぶ制服姿の彼の輪郭が、どんどん鮮明になってきました。

まさかあの少年と、こんなことになるなんて……そう思うと、感慨深いものがありました。行きずりの男との遊びとは違い、美化された郷愁が体の隅々まで敏感にしみ渡ってきました。

「アン！　もっと、好きにしていいのよ。あなたになら、何をされても感じるわ」

彼のほうに向き直り、乳房を揺らして見せました。乳首は恥ずかしいほどふくらんでしまい、もっと強い刺激を欲していました。

彼は目を見開いて、胸と顔を交互に見つめてきました。

「恥ずかしいわ。どうせなら、ピチピチのギャルのときに見てほしかった……」

ほんとうに、心からそう思っていました。夫以外の人に見せる予定はなかったので、そんなふうに衰えを意識したことはありませんでした。

「いまだって十分きれいだよ。このオッパイを見れるなんて夢みたいだ」

瞳を輝かせている彼の顔の前に、胸を突き出しました。

「少し萎《しお》れちゃったけど、昔よりも、敏感でエッチなのよ。吸ってみて」

そっと手を伸ばしてきた彼は、両手で寄せた乳房の谷間に、頬をこすりつけながら吸いついてきました。チクチクとした髭剃りあとの感触が心地よく、思いきり喘いでしまいました。

「ア、アアンッ！　すごく、感じちゃう、はうっん！」

上半身をくねらせてしがみつくと、彼の息づかいも激しくなってきました。

「この胸が、フォークダンスのとき、プルプル揺れていたんだよ！　たまらなかった」

彼の頭の中も、私と同じようにタイムスリップしていたのかもしれません。

大人になれば、女の裸なんて珍しくもないはずなのに、私の乳房は彼にとって特別なもののようでした。

「いやん、そんなところを見ていたの？　見ながらエッチなことを考えていたの？」

おいしそうに乳首にしゃぶりついてくる彼の頭を抱き寄せながら、少年のふくらんだ股間を想像していました。

「そうだよ……あの夜は、頭がおかしくなるくらいしごいたんだよ。バカだろう？」

ほろ苦い告白に、子宮がズキンと反応しました。その硬い棒を入れてくれと言わんばかりに、アソコがググっと締まってきたのです。

「いまは……いまはどうなっているの？　ねぇ、見せて」

おおいかぶさってきた彼の下半身に手を伸ばすと、ズボンの股間部分は、ぐっしょりと汗ばみ、痛々しいほど張り詰めていました。

「アァ……こんなに、大きくなってるじゃない。うふん、お口で、してあげる」

そんなふうに、男性器を自分からさわったり、求めたりしたことなどありませんでした。夫からフェラを要求されたとき、渋々咥えることはありましたが、挿入前の儀式のようなものだと思っていたのです。

それなのに、彼のものは、舐めたくてどうしようもありませんでした。

遠い昔から、自分を思って勃起していたのかと思うと、愛おしくてたまらなくなったのです。下半身にまとわりついていたワンピースを脱ぎ捨てて、彼の下半身にもぐり込みました。

「うわ、待って。洗ってないものを、きみに、しゃぶらせるわけにいかないよ」

止めようとする彼の腕を振り払って、ベルトをはずし、ズボンを脱がせました。恥ずかしがる彼を待っていたら、いつまでたっても咥えさせてもらえそうにありませんでした。

強引にトランクスをずりおろすと、ずんぐり太ったナマコのようなペニスが、姿を現しました。

「まぁ、すごい！　これを、こすっていたの？　こんなふうに？」

キュッと握って上下にこすると、遠慮がちな態度とは裏腹に、手のひらの中で大きくそり返りました。

艶《あで》やかな亀頭を唇に挟み込み、口の中で舐め回しました。汗に蒸れた匂いがしましたが、そのなまなましさに興奮したのです。

何もかも、準備不足であることが、ドラマチックな展開を盛り上げていました。

彼は、振り乱した私の前髪をかき上げて、じっと顔を見つめてきました。

「こんなにきれいな人でもこんなことをするんだね……あぁ、旦那がうらやましいよ」

疼いた夜にも先に寝てしまう夫に、聞かせてやりたい言葉でした。

彼も、その言葉を発したことで、昂《たかぶ》りを隠し切れなくなったようです。荒々しく、腕をつかまれました。

「ぼ、ぼくにも舐めさせてくれ！」

ベッドの上に寝かされて、脚を広げられました。そのすき間に体をねじ込んできた彼の鼻先が、盛り上がった恥骨に突き刺さってきました。

「ごめんよ、ぼくは紳士なんかじゃない。昔は、きみのココばかり想像していたよ」

パンティの上から、クンクンと匂いをかがれました。

「今朝、体育館でばったり会ったときだって、最初に思い出したのはそれなんだ」

正直な告白を聞くと、なおのこと興奮しました。

甘ずっぱい初恋と、抑えきれない性欲の狭間で悶《もだ》える、けなげな少年像が浮かびました。なぜあのとき気づかなかったのだろうと、悔やまれてなりませんでした。

「プールの時間、水着が食い込んで、縦に割れた線が見えたことがあってね」

そんなところも見られていたのかと思うと、いまさらながら恥ずかしさが込み上げてきました。

「見ていたら勃起しちゃって。でも、ほかの男に見せたくなくて複雑な心境だったよ」

授業は男女別でしたが、同じプールを半分ずつ使うので、見られていても不思議ではありません。

女子同士の中でも私は特に恥骨が高く、しょっちゅう水着が食い込んでしまうのが悩みでした。そんなこと、いつの間にか忘れていたのに、彼の記憶が若かりしころの自分の姿まで鮮明に蘇《よみがえ》らせ、小娘のような恥じらいを覚えたのです。

家庭の主婦に納まってから、いつの間にか忘れていた感覚でした。

「いやん、そんなことまで知っていたのね……あなたには何も隠せないわ」

彼はそれを再現するかのように、パンティを引っぱり上げて、陰部に食い込ませ、しげしげと眺めてきました。

「ああっ……下着にエッチなしみがついているよ。この上から舐めてもいいかい？」

「ウフン、あなたがやってみたかったことをしたらいいわ」

夫よりも私の体に詳しい彼に身を委《ゆだ》ねることは、女としての悦びでした。

ワレメの上をべろべろと舐められて、敏感な突起を布地でこすられると、自然に腰が動いてしまいました。

「アッハン！　ハァ、ハァ、あぁん、もっとして！　来て、来て！」

私のヨガリ声に彼の愛撫は止まらなくなり、パンティのすき間からねじ込んできた指が、ニュルッと濡れた穴の中に入ってきました。

「ンアーッ、うはぁん！　いいわ、すごくいいわ！」

突き刺した指で、奥のヒダを刺激されると、久しぶりの異物に反応した内壁が、ピクピクとすぼまりました。

「ハァ、ハァ、こんなに濡れてくれてうれしいよ。よし、きみの花びらを見るぞ」

そして、ゆっくりとパンティをおろされました。

「ああ……見えた。とうとう見てしまったよ。あこがれの、きみのパンティの中！」

彼と再会するまでは、造花のように乾いていた花びらを、太い指でめくられました。

もう一度、息を吹き返してうるんでいることに、幸せを感じていました。

「アッハン、見ているのね。私のアソコ見られているのね」

ヒクヒクしているワレメに、間近に顔を寄せてきた彼の息がかかってきました。

「いやぁ、色も形も想像以上にいやらしいね、そそられるよ」

昂った声をあげながら、敏感な突起の皮も、めくってきました。

「おお、立派な赤い実が出てきた。どれどれ、味見させてもらうよ」

そう言って、ガバッと開いたワレメの中心に、顔面をこすりつけてきました。

「いや、だめ、そんなことしたら、お顔が汚れちゃう、アア、でも、感じるわっ！」

顔をこすりながら、剝き出しになった突起に唇を押し当ててきました。ちゅるちゅると音を立てながら、舌先をふるわせて、しゃぶりついてきたのです。

「あ、あ、気持ちいい、おかしくなりそうよ！　ハッ、ハァ！」

浮かせた腰を彼の口元に、自分からあそこを押しつけていました。体の奥で、ぐつぐつと煮えていた欲求が、一気に噴き出しはじめていました。

「すごくエッチで素敵だよ。ああ……これを写真に撮って持ち帰れたらな」

少し驚きましたが、彼になら許せる気がしました。

「絶対に顔は写さないし、人に見せないと約束するから、撮らせてくれないか？」

テーブルにあったスマホを手にして、そう言いました。

「いいわ。ウフ、今日は記念日だもの。また、私を思い出して、ゴシゴシするのね」

バッチリ映してもらえるように両脚を抱えて、大きく開いてみせました。

彼はうれしそうに片手で撮影しながら、もう片方の手で花びらを押し広げたり、突起をつまんだりしてきました。

「ハッ、アン、こんなこと初めてだけど、すごく興奮しちゃうわ！」

そうするうちに、彼もどんどん昂ってきたらしく、あの、ナマコのようなペニスをワレメに押しつけてきました。

熱を持った性器がこすれ合い、溢れた潤滑液が、ネチャネチャと絡み合う音が聞こえました。

「はふっ、ああっ、ムズムズするわ！　じらさないで、い、入れてぇ！」

彼はけっしてじらしていたわけではなく、いよいよという場面を目に焼きつけていたようでした。

「う、うん。ごめん、つい見とれてしまったよ。じゃあ……入れるよ！」

彼が腰を突き出してくると、ズブズブと亀頭がめり込んできました。

しばらく使っていなかった穴は、思いのほか硬く閉じていて、ペニスの存在をより大きく感じました。

まるで、握った拳を入れられているような迫力があったのです。

「おや、すごく狭いんだね。痛くないかい？　そっと、そっと入れるからね」

処女のような扱いに、くすぐったさを覚えました。優しくキスをしてくれて、舌を絡ませているうちに、体の力が抜けていき、硬くなった穴がほぐれてきました。

「もう、大丈夫よ、一気に突き刺して！　ハァッ、もっと深く入れてぇ！」

花びらがパカッと開くと同時に、ペニスが体の奥まで突き刺さってきました。

「ク、クフーンッ！　ンア、ハァ、アソコがとろけそうっ！」

体中の血液が沸騰しているようでした。

「とうとう、きみの体に入れちゃった！　すごく締まるよ、気持ちいいよ！」

振り立ててくる彼の腰に、両脚を巻きつけて、広い背中を抱き締めました。

「あなたの精子を持って帰るわ！　お願い、私の中にいっぱい出して！」

すっかり柔らかくほぐれた肉が、ぎゅうっとペニスを包み込んでいました。

「イクッ、いい、ヒイッ！　イクゥッ！」

昇りつめた穴が、より激しくペニスをしごいて、彼もその奥で達していました。その昔、自分を思ってティッシュに吐き出されていた精液を、体に浴びた悦びが込み上げてきました。

昇りつめたあとは、ますます離れがたくなってしまい、時間の許す限り何度も肌をこすり合わせていました。

帰るころには、すっかり日が沈んでいて、花冷えの空気に包まれていました。まるで、ドラマの中から現実に引き戻された気分でした。

別れ際、夫と別れて彼といっしょになれたら、どんなにいいだろうと考えていました。彼も同じ思いを口にしていましたが、人の家庭を壊すには、優しすぎる人でした。

彼は、スマホに収めた私との記念写真を、大事そうに内ポケットにしまい込み、帰っていきました。

私は、いまでも彼のことが忘れられずに、古い卒業アルバムを引っぱり出しては、儚《はかな》い春の夢に身もだえています。

イケイケだった会社の美人同僚との邂逅　泣き出した熟女の濡れた牝穴を慰め……

本多稜平　タクシー運転手・四十一歳

タクシーの運転手に転職して十年になります。

ここ数年、ドライブレコーダーの普及と、それで撮影された迷惑客の映像がテレビでよく放送されたことで、仕事中のストレスがずいぶん改善されました。

あれは、三年前の肌寒い春の夜でした。

春は転勤の季節でもあり、自分の受け持ち地域でも、予想外のところに向かうことがあります。そのときも、テリトリー外の地域へのご希望でした。

戻るときは「回送」にするのが決まりでしたが、戻るまで流しをしていれば別の客を拾うこともあり、当時はそんなズルが横行していました。

女性が手を上げていました。四十歳ぐらいのビジネスウーマンのようでした。

「○○町までお願いします。近づいたらまた言います」

きびきびと言いましたが、その声には疲れが出ていました。そして私は、その声に聞き覚えがありました。ルームミラーでその顔を見ましたが、まちがいありませんでした。

「藤子《ふじこ》さん、ですよね？　藤子瑞枝《みずえ》さん」

ルームミラー越しに目を合わせたその女性客は驚いていました。

「ぼくです。本多稜平《ほんだりょうへい》。お久しぶりです」

「本多君？」

七年前、転職する前までいた会社の、同期の女性だったのです。

「ご無沙汰です。まだあの会社でがんばってるんですね」

その藤子さんを乗せた場所が、前にいた会社の近くだったのでピンときたのです。

「本多君、なつかしいわぁ。タクシーの運転手になってたの……」

感慨深そうに藤子さんはつぶやきました。さすがに七年がたち、四十も越えて少しくたびれていましたが、仕事のできるカミソリのような美人の面影《おもかげ》は十分に残っていました。

「あの会社、どうです？　藤子さんは定年までいるんですか？」

ルームミラー越しに、藤子さんは顔を曇らせるのがわかりました。

「どうだろね……私もそろそろ疲れちゃった」

「おや、弱気な。ぼくたち同期の中でいちばんの出世頭だったのに。正直、とっくに役つきぐらいになってるかと思ってましたよ」

藤子さんは自嘲《じちょう》気味に、泣きそうな面持ちで苦笑を洩らしました。

「あれから、いろいろあったのよ……」

藤子さんは問わず語りに、結婚が失敗し、出世レースからもはずれ、いまは閑職に追いやられていることなどを話しました。

アクセルを踏むのをためらうほど、気の滅入るストーリーでした。

「あのころ、ぼくたち同期は、藤子さんに追いつき追い越せだったのに……」

「みんなに追い越されちゃった。後輩たちにもね」

車は密室ですから、饒舌《じょうぜつ》だった顧客と話が途切れると気まずいものです。

「あんたは？　たしか会社にいるときに結婚したわよね？」

「はい。ぼくもタクシーの運転手になると言ったとき、妻は怒りましたけど、いまはダブルインカムでなんとかやってます」

派遣社員になった妻は、派遣先で禁断の引き抜きに合い、契約社員となり、娘が高校、息子が中学に上がる年に正社員となっていました。

「私、みんなの目標にされていい気になってたわ。恥ずかしい……前しか見てなかったのよね。斜め後ろに、本多君みたいないい人がいたのに」

さすがに返答に困りました。

「この会社にいてもどうしようもない。でも年齢もあるし転職もできない。この歳で袋小路《ふくろこうじ》って、つらいものよ……」

苦笑しようとしたらしいのですが、なんとそのまま藤子さんは嗚咽《おえつ》を洩らしてしまいました。会社のことをよく知っており、かつ現在は会社の人間ではない、そういういまの私は安心して愚痴を洩らせるポジションだったのでしょう。

「……藤子さん、もうすぐ○○町です。そろそろ案内を」

おそるおそる言いましたが、藤子さんは困った返事をしてきました。

「……帰りたくない。両親もその間に亡くなったし、帰っても一人だもの……」

「それは、弱ったな……」

「あなた、このあとも仕事?」

「いえ、今日は大口を拾ったし、時間的にもアガリかなと」

「じゃあ、ダメ同期の愚痴に、もう少しつきあってくれないかしら?」

聞いたこともない藤子さんの鼻声で、そんなことを言われました。

「では、どこかファミレスでも……」

藤子さんは黙って首を横に振りました。

「二人だけになれるところがいい……」

ゆっくり走る車内でなければ聞こえないほど小さな声でした。

腹をくくり、会社に無線で連絡を入れました。仕事を終え、仮眠をとってから車庫に戻ると告げると、「了解」とだけ返事がありました。私の会社では、その後、すべての車両にGPSがついたので、現在ではできない裏技です。

本部に戻って事務仕事を片づけると、妻にも連絡を入れました。

ラブホテル街に近づくと、私は近くのコインパーキングに車を停めました。タクシー車両でラブホテルの暖簾《のれん》はくぐれません。

あまり通ったことのない夜の街を、かつての美人同期と歩いていることに、何か夢でも見ているような非日常感を覚えました。

「ごめんなさい、迷惑をかけて」

ホテルまでの無言の道中で、鼻声で藤子さんは言いました。不安そうな小さな声でしたが、正直あまり悪いとは思っていないトーンに聞こえました。かつての、我が道を行くのキャラが残っていると思いました。

ホテルの部屋に入ると、「お先に」と言ってシャワーを浴びにいきました。白いローブを巻いて出てきた藤子さんと入れ替わりに、私もシャワーを浴びました。腰かけて勝手に冷蔵庫のお酒でも飲みながら待っているのかと思いましたが、ソファに藤子さんはいませんでした。見ると、ベッドがふくらんでいました。

そっとめくると、藤子さんは目を閉じていました。

「ぼくに、ありったけ愚痴をこぼすんじゃなかったんですか？」

静かに言うと、藤子さんは目を開け、小さく笑って「来て」と言いました。

バスローブを落とし、裸になってシーツに入りました。急な展開に困惑していましたが、むろん男としてタナボタな幸運であることも自覚していました。

「あああっ！　本多君っ……」

シーツに入って横寝で向かい合うと、いきなり藤子さんは激しく抱きついてきました。強く抱き締め、背中をむさぼってきました。私も負けじと強く抱き返しましたが、かなり劣勢でした。

一瞬目が合うと、私たちは唇を重ねました。

このキスが、また激しかったのです。強く吸いつかれ、長い舌で私の口中を蹂躙《じゅうりん》してきました。自分のほうが犯されているような、初めての感覚でした。

「ああっ、藤子さんっ、藤子さんっ……」

藤子さんの激しさに当てられ、私もすぐに昂《たかぶ》ってきました。子どもを産んでいないからか、妻よりも張りがあり、乳首も清楚に見えました。

藤子さんの乳房に、乱暴にむしゃぶりつきました。

挿入しようと、藤子さんをあおむけにさせ、私は体重をかけすぎないようにのしかかりました。

まっすぐ見おろしたとき、藤子さんは号泣していました。

こんなに驚いたことはありません。藤子さんのダイナミックな喘ぎ声だと思っていたのは、嗚咽の声だったのです。慣れた妻とのセックスなら気づいたでしょうが、前職時代の頼もしくて激しい美人というバイアスがあったので、これが藤子さんの嬌声《きょうせい》だと思ってしまったのです。

「藤子さん、泣かないでください」

藤子さんは子どものように腕で顔をぬぐいました。薄暗い照明でも、鼻が赤くなっているのがわかりました。

「ごめんなさい。興《きょう》ざめよね。こんなときに泣くなんて……」

なんとか笑おうとして、美しい顔がゆがんでいました。

「人肌にふれるのが久しぶりだったから、つい……」

彼女は、鼻声で言いわけしていました。

「望んでもないセックスで落ち込んでるんじゃないんですね？」

「ええ……会えてうれしいの。ホントよ」

藤子さんは両腕を上げてきました。凛々《りり》しいビジネスウーマンだったのに、親にはぐれた子どものような表情でした。

抱き締めた藤子さんの顔の周りに、涙の湿気がただよっていました。なめらかな肌が、ときおりざらつきました。鳥肌を立たせたのでしょう。

「あなたも、私のこと、見下してるんでしょう？」

「見下してなんかいません。誰の人生だって、山も谷もあります」

こんな状況なのに、私はややムキになって言いました。双方が挿入直前の姿勢のまま、私は自分が退職した当時の緊張や妻との確執などを話していました。

「ノーマークだった本多君も、そんな修羅場をくぐり抜けてきたのね。私、思い上がってた……」

しみじみと反省されてしまい、そちらでやや興を削がれたものでした。

「あのかっこいい藤子さんを裸にしてこんなことしてることに、ちょっとオトコの優越感はありますけど」

「言ったわね」

笑う余裕を取り戻し、ホッとしたのを覚えています。

「入れますよ」

「ええ、来て……」

一瞬浮かんだ不安そうな顔は、それこそ初体験を前にしたバージンのように見えました。

入れたその瞬間から、妻ではない女性とセックスしているのが、ペニスの感覚でわかりました。結婚以来、浮気はまったく初めてでした。結婚前の経験者は三人ほどですが、当然そんなものは忘れています。

なめらかさやうるおい、締めつけ感、奥深さなど、まるで二十年以上前の童貞に戻ったような感動を覚えました。

「ああ……気持ちいいわ、本多君……」

藤子さんはもっと感極まっているようでした。ゆっくりと大きく息を吐きながら、顎を出して切ない声を洩らしていました。

藤子さんのいちばん奥まで挿入すると、ゆっくりとピストン運動を始めました。

「ああんっ、本多君のアレ、私と相性ピッタリみたい……あああんっ！」

妻とのセックスではけっして聞かれない低い声で言いました。

「大丈夫よ……あなたの家庭を壊したりしないわ……」

なんとか笑みを浮かべようとする藤子さんの顔は、たまらなくセクシーでした。

「藤子さん、巨乳がすてきです。昔から思ってました」

ピストン運動から、一泊遅れて、大きな乳房はダイナミックに揺れていました。

「あんっ！　むっ……昔からって？」

薄目を開けて藤子さんは聞いてきました。

「白いブラウスのボタン、突き破りそうだったじゃないですか。大きなおっぱいが、自分の重みに気づいてないみたいに、ドンッて前に突き出てました」

ピストン運動で顔まで上下に揺らせながら、藤子さんは丸めた手を口に当て、笑っていました。

「やだ、あんたそんなとこ見てたの？」

「たぶん、男性社員は全員見てたと思いますよ。怖かったから誰も冷やかしたりしなかったけど」

セクハラ以前に、同期なのにみんな藤子さんを恐れていたことを話しました。

意外なことに、藤子さんはまんざらでもなさそうに笑いました。

「藤子さんのアソコ、気持ちいい……ホントにぼくたち、相性いいのかも」

合わせたのではなく、本心からそう言いました。しかし藤子さんは私の顔を見て、なつかしいちょっと怖い顔をしました。

「まだよ、まだ出しちゃだめよ、本多君」

そうして体をモソリと動かしました。抜けというサインだとわかりました。私の妻とは違い、手練《てだ》れだと感じたものでした。

荒い呼吸にまで嬌声を洩らしながら、藤子さんはうつぶせになり、お尻を高く上げました。おかしな話ですが、初めてセックスする相手なのに、むだのない動きが藤子さんらしく、なつかしく思ったものでした。

膝立ちになり、白いお尻を見つめました。

「……不思議です。藤子さんとこんなことができるなんて……新入社員だったころのぼくに教えてやりたいですよ」

お尻を突き出しながら、藤子さんもちょっと笑いました。

「私も教えてやりたいわ。あのころの私なら、怒って信じないでしょうけど」

揺れが伝わったのか、お尻も笑っているようでした。

「藤子さんぐらいの美人になると、お尻の穴も美形なんですね」

「そっちじゃないわ。まちがえちゃダメよ」

羞恥のカケラすら見せず、藤子さんはピシャリと言いました。まさに、出来の悪い部下を指導する女性上司の声でした。

腰を両手にとり、ペニスを挿入していきました。開いた膣の両脇から恥毛が乱れ咲いていて、そんな小さなことからも、妻ではないことを自覚させられました。

「んっ……んんんっ！　ああっ、あああんっ！」

苦しみを耐え忍ぶような、低い喉声でした。

「藤子さんのオマ〇コ、ほんとにぼくにぴったりです。合鍵みたいだ……」

合鍵という、昭和のエロ漫画みたいな言葉を口にしてしまいました。

同時に、「藤子さんのオマ〇コ」などと口走ったことに、あらためて強い非日常感を覚えました。

白い大きなお尻をしっかりつかみながら、ゆっくりピストンを始めていきました。

「藤子さんと、まるでずっと前からヤッてるみたいに相性いいですね」

軽口をたたきましたが、わたしも歯を食いしばっていました。

一往復ごとに、強い刺激がペニスを襲うので、不用意にピストンを速められないのです。早漏青年のように、過度に性感が高まらないよう、加減して前後運動をする必要がありました。

「熱い……これ、この感覚だわ……なつかしい。体が、熱くなっていく……」

荒い息にまぎれて、独り言のように低くつぶやきました。

「これを機に、ぼくたちの知ってる藤子さんの、大V字回復をしてくださいよ」

セックスの途中でパートナーを励ましたのは初めてです。

「そうね……あんっ、できそうっ……あああんっ！」

ペニスを突くたび、白くて大きなお尻がダイナミックに波打ちました。新入社員だった二十代の前半ならどうだっただろうと考えました。お尻にも、もっと緊張感と張りがあっただろうと思いました。

「藤子さん、もう、出そうです……」

自分自身の耳を疑うような頼りない声でした。

「いいわっ……たくさん、出すのよっ！」

上から目線の口調がおかしかったですが、同時に安心したのを覚えています。唯我独尊だったころの藤子さんを強く思い出しました。

歯の根を食いしばり、私は藤子さんの中で射精しました。

二十年ぶりの妻以外の女性とのセックス、それもかつての目標だった女性への射精は、それこそ頭が真っ白になるぐらい感極まったものでした。

吐精を終えても、尿道の最後の一滴まで残すものかと、私は腰を当てつづけました。

抜き去ると、私はドサリと藤子さんの隣に横たわりました。

「んふふ、ありがと、本多君……あなたの元気エキス、私にいっぱい入ったわね」

藤子さんも、えらく昭和な言葉を使うものだ思いました。

「ありがとう……こんな落ち目のおバカ女の相手をしてくれて」

藤子さんの目から涙が溢れ、横寝のままシーツに流れました。

「藤子さん、ちょっと失礼します」

私は横寝のままの藤子さんの頰に、軽く平手を食わせました。

「なに情けないこと言ってんですか！　これじゃ、あのころのぼくたちが怒りますよ。巻き返しでも転職でもいい。早くぼくの知ってる藤子さんに戻ってくださいよ」

藤子さんの顔を見て、泣き腫らして驚きに目を見開いても、美人は美人なんだと思ったものでした。

「こんなことされたの、初めて。みんな私に卑屈になるか、陰でコソコソ言うだけだったもんね」

また大きな涙がこぼれました。そうして私に抱きついてきました。

「ああ、言っても仕方ないけど、本多君が独身だったら……」

「うれしいけど、時間は巻き戻せません。前を向いてください」

ベタベタな励ましでしたが、抱き返す私もそれなりに懸命でした。

モゾモゾと藤子さんは、私の下半身に体を移しました。

「本多君、こんな立派なものを持ってたのね」

やわらかくなりかけたペニスを持ち上げ、そこに舌を這わせました。いわゆるお掃除フェラです。

「藤子さん、そんなことしなくても……」

「こんな屈辱的なことするのは初めてだけど、いいのよ。お礼……」

藤子さんはうっとりと目を閉じ、長く舌を出してペニスを舐めてくれました。

射精を終えたペニスに再び刺激が与えられ、独特の鈍痛を覚えながら、ペニスはまた硬さを取り戻していったのです。それこそ十年ぶりぐらいの現象でした。

「藤子さん、フェラチオは、初めてなんですか?」

「そうよ。こんなこと、女性への侮辱だと思ってたし」

さばさばした口調でそんなことを言いました。しかし正直、私の目には官能を楽しんでいるように見えました。

「ああ、すごくいやらしい匂い……」

泣いた直後の鼻声なので、妙に猥褻な声に聞こえました。

「いいものね……」

ペニスを立て、頰ずりし、ていねいに舐め回してくれました。

「私に足りなかったのは、この謙虚さなのね……」

そう言い、藤子さんはまっすぐ上から、私のペニスを呑み込んでくれました。

フェラチオをしながら自分の欠点に気づき、しみじみと反省する、はたから見れば滑稽《こっけい》な様だったかもしれません。

ペニスは完全に勃起しました。内心でちょっと自分を見直したものです。

「んふふ、また、できそうね」

藤子さんはゆっくり私に乗りかかってきました。すぐ真上で私を見つめたまま、ペニスを自分の性器に導いていました。

「ああ……藤子さんの中、いい……いましたばかりなのに、なつかしい」

「んふふ、だって合鍵だもの……」

まだ目は赤かったですが、妖艶《ようえん》で不敵な笑みは藤子さんらしい表情でした。

挿入が完了すると、すぐに藤子さんは自分で動きました。かつてのあこがれの美人同期が自分の上で前後に揺れていることに、また強い非現実感を覚えました。

「藤子さんと、不倫セックスする日が来るとは、夢にも思ってませんでした」

「ちがうわ。私たち、久しぶりの再会に、お股で握手してるだけ」

シュールな物言いに失笑が洩れたものです。

大きなお尻を私の腰に遠慮なく落とし、藤子さんは上半身をまっすぐ伸ばしました。そうして上下に体を揺らしてきました。

お恥ずかしいことに、妻とのマンネリセックスはバリエーションが少なく、こんな体位ですら、AVでしか見たことがありませんでした。

「本多君、手が遊んでるわ」

きびきびした口調で言いました。私はあわてて両手を差し出し、上下に揺れる乳房を包みました。

「そうよ、もっと強くつかんでもいいのよ」

広げた指から乳房の肉がこぼれ、揺れる藤子さんは満足そうでした。

また藤子さんは上半身を倒し、抱きついてきました。私もたまらなくなり、両手で熱い背中を抱き締めつつ、自分でも腰を激しく振りました。

「藤子さん、また、出そうだっ……」

「いいわっ、いくらでも、来てっ！　本多君のなら、大歓迎よっ！」

妻とのセックスでも上下代わって重なることがありますが、お互い気をつかって体重をかけないようにしていました。藤子さんは遠慮なくのしかかってくるのです。

全身で美人同期の重さを感じつつ、二度目の射精を果たしました。

コトを終え、横に並んで寝ると、また静かな嗚咽を洩らしていました。

「……私の離婚の理由、知りたい？」

こんなことを言うのは、自分が言いたいからにほかなりません。

「私と気が合う、似た者同士だったの。それがいけなかったのよね。どっちも譲らないんだもの。ケンカばかり。でも、それだけじゃなかったの……」

元夫さんは、アナルセックスを強く求めてきたというのです。藤子さんは「女性の人権」という言葉を出してまで拒絶し、それが大きな理由とのことでした。

「とにかく、明日から前を向いてがんばってください」

「ありがとう。そうするわ。人生百年時代、まだ半分も生きてないものね」

互いに顔を寄せ、キスをしました。

それから月一度ほど、私たちは待ち合わせてセックスしました。

約半年後に、藤子さんは、ある上場企業に広報企画で採用され、転職を果たしました。もとのカミソリのような雰囲気が戻っていましたが、以前にはなかった優しさがその瞳にありました。

藤子さんの転職が決まった数日後、私たちはラブホテルで会い、ささやかなお祝いをしました。

そのあとの藤子さんの、神妙な顔が忘れられません。

「考えをすっかり変えた証拠を、自分に見せつけたいの。本多君、こんなのに興味はない？」

藤子さんがカバンから出したのは、ローション、コンドーム、受け皿などでした。

心得のない私でもわかりました。

「これは、アナルセックス用の……？」

「信頼し合ってる者同士しか、できないことってあるわよね？」

そうして少女のように小首をかしげ、笑ったのです。

以来、藤子さんと私の関係は続き、いまではアナル開発もすっかり出来上がっています。

第三章 待ちわびた性春に溺れてしまう悦び

お局主婦が遥か年下の若手社員を誘惑 ヌレヌレおま○こで瑞々しい男幹を弄び

加賀由美子　パート事務・五十二歳

関東全域にチェーン展開するビル管理会社に、パートで勤務しています。

私は支店採用なので、同じ営業所で十年以上働いているんですが、社員は年度替わりの四月に人事異動があって毎年多くの顔ぶれが変わります。

ですから、その営業所内のことは私がいちばん詳しいくらいなんです。

それは三年前の四月、桜吹雪が舞う春のことでした。

二十六歳の青年が私の勤務する営業所に転勤してきたんです。そのとき私は四十九歳だったので、二十三歳も年下です。彼はとても明るくて人当たりのいい青年で、私にもしょっちゅう話しかけてきてくれました。名前は康介《こうすけ》くんです。

資料整理で残業していると、彼から声をかけてきました。

「お疲れ様です。デスクワークは肩こるでしょ？　マッサージしましょうか？」

少し営業所の雰囲気に慣れてくると、お昼休みの給湯室でお茶を淹れている私のそばにやってきて、冗談めかしてこんなことまで言いました。

「加賀《かが》さん、すごく好きなタイプなんです。今度デートしましょうよ」

若い女の子ならセクハラになってしまうような発言ですが、親子でもおかしくないような年齢差ですから、母親に甘えているような気分なんだと思っていました。

そんなある日、康介くんが転勤してきて一カ月ぐらいたったころだったと思いますが、こんなことを私に相談してきたんです。

「外食ばかりしてると金がかかって仕方ないので、俺でも簡単にできる料理ってありませんかね？　よかったらレシピを教えてもらいたいんですけど」

なにせ私は息子のように感じていたので、深く考えずに答えました。

「じゃあ、休みの日に康介くんの部屋に行って教えてあげようか？」

うちには娘が二人いるんですが、そのときもう高校生だったので、休みの日なんて家にいませんでした。夫は私に興味もないようで、ふだんからほとんど会話なんてありませんでした。休日はたいがいゴルフに出かけてしまいます。

休みの日は家にいても、一人さびしいだけだったんです。

私は約束どおり、なるべく簡単にできる料理を考えて、食材を買い込み、土曜の昼下がりに康介くんの住むワンルームマンションを訪ねました。

「お待ちしてました、加賀さん」

「おじゃましまーす」

いかにも独身男の一人暮らしという感じの部屋でした。

狭いキッチンには、急いで買いそろえたのでしょう、新品の鍋やフライパンや包丁など、一通りの調理用具が並んでいました。

「じゃ、始めるわよ。ちゃんと覚えてね」

私は持参したエプロンをかけて、説明しながら料理を始めました。康介くんもメモを取りながらまじめに聞いていました。若い男の子に何かを教えるというのも新鮮でしたし、それはそれで楽しい時間でした。

何品かの料理が完成して、あとは盛りつけという段階になると、キッチンに並んで立ったまま、康介くんがいつもの調子で甘えるように言いました。

「今日はすごくうれしいです。俺、加賀さんぐらいの年ごろの女性じゃないと、好きになれないんです。これからもずっと仲よくしてください」

私もいつものように、お母さん口調で答えました。

「やめてよ。お笑い芸人とかでも、熟女好きとか言ってネタにしてるけど、そういうの、こっちとしては全然楽しくないんだから」

するとと彼がみるみる涙目になって、訴えてきたんです。

「そんなこと言われると悲しいです……」

その怖いほど真剣な顔を見ているうちに、私の中に女としての衝動がわき上がってきたんです。いえ、本当は私も最初から、康介くんを男性として憎からず思っていたのかもしれません。そうじゃなければ、わざわざ料理を教えに一人暮らしの部屋を訪ねたりしないでしょう。考えてみれば道すがらドキドキしていました……。

私はどうしていいかわからず、口走ってしまいました。

「じゃあ、康介くんは、私を……抱きたいと思ってるの？」

彼が間髪を入れずに答えました
「はい、もちろんです」

私はその真っ直ぐな視線を避けるように、エプロンをはずして、康介くんをキッチンの横の壁に押しつけました。そして、正面から全身を預けるようにして、その頬を両手で包み、ゆっくりと唇を重ねてしまったんです。

「んぐ、はあぅ……クチュ、ジュルッ」

私はもう感情が抑えきれず、顔を右に左に傾けてキスを続けました。

やがて、お互いの唾液が混じり合って、ローションをまぶしたようにヌルヌルとすべりました。さらに私は康介くんの唇をこじ開けて、舌を忍び込ませました。歯と歯茎の間を舐めつけ、口腔をかき回すようにして、彼の舌に絡みつけました。

「グジュ、ジュッ、ブジュゥ……」

キスだけでも気が遠くなりそうだというのに、密着した二人の間で乳房と胸板がひしめき合っていました。しかも勃起した康介くんのペニスがズボンを大きくふくらませて、私のはいていたフレアスカート越しの股間に押し当たっていたんです。

「……ほんとうに、興奮してるのね」

私は両手を康介くんの股間に伸ばして、ふくらみをおおいました。

「あうッ！」

康介くんが全身をビクッとさせました。

「あぁ、大きい」

私は独り言のようにつぶやいて、ズボン越しのペニスをギュッと握りました。

「うぐッ、そんな……っ」

握ったペニスをグイグイとしごきながら、私の全身が熱くほてりました。

「こんなに硬くしちゃって、どうするの？」

康介くんを責めるように言いながら、私はその足元にしゃがんでいきました。そのままベルトをはずしファスナーをおろして、ズボンごとボクサーパンツをおろしてしまったんです。大きくカリの張った亀頭が飛び出し、ペニスがそそり立ちました。

「あんっ、すごい！　康介くんの……」

私の指は自然とペニスに絡みついていました。目の前の亀頭をなで回し、ペニスの幹を十本の指で挟んで、グッ、グッと押しつけました。

「すごいね、カチカチだよ」

そう言ってから私は恥ずかしくなって、それをごまかすように口を亀頭に近づけて、唾液を垂らしました。唾液は泡立ちながら、亀頭からカリ首を伝って、ペニスの根元までコーティングするように流れ落ちていきました。

「ああっ、そ、そんなに……」

康介くんの驚いたような小さい声が聞こえました。

それを聞いた私はさらに恥ずかしくなって、指を動き回らせました。ペニス全体をなで回して、隅々まで唾液をまぶしつけていったんです。

ゆるく握って亀頭から根元までしごくと、クチュクチュとねばった音が響きました。

肘から先の腕ごと振りつけると、ヌチャッ、ヌチャッと音が大きくなりました。

「あっ、はふぅ、ううんっ」

康介くんが思わず女の子のような声を洩らしました。

夫とはもう何年もセックスしていませんでした。こんなに硬くて大きいのが私の中に入ったら、どうなるんだろう……。そんなことを想像すると、グチャッ、グチャッ、グチャッとしごくテンポがどんどん速くなりました。

「あっ、あうッ……気持ちぃいです」

康介くんの声で、あっという間に私は恥ずかしさより性欲が勝って、大きく舌を突き出し、ペニスの裏側をゆっくりと舐め上げました。ペニスの根元からカリ首まで這い上げた舌を、ソフトクリームを舐め取るように亀頭に絡みつかせました。

「ひ、いあぁっ、そんなこと……」

私の唾液まみれになったペニスをしごきながら、睾丸の袋までしゃぶりました。

「ねえ、康介くん、あっちに行こ」

私は部屋の隅に畳んであった布団を敷いて、「寝て」と彼を促《うなが》しました。

あおむけになった康介くんのペニスは、天井に向かってそそり立ちました。私は四つん這いになって横から顔を近づけ、ヌメッと亀頭を咥え込んでしまいました。

「うっ、くぅっ」

すぐさまペニスをしごくように、唇をリズミカルに往復させました。ジュブッ、ジュブッ、ジュブッという湿った音が、ワンルームの部屋に響き渡りました。

「う、くっ、気持ちいいぃ、あうッ」

康介くんは腰をビクビクさせながら、うめき声を発していました。

「ね、私も……気持ちよくなりたいわ」

そう言ってフレアスカートの中に右手を差し込んだときに、ハッと気づきました。その日、私は出がけにシャワーを浴びて、新品の少し高級なランジェリーをはいてきたんです。実は最初から、こうなることを期待していたのかもしれません。

ああ、なんていやらしい女なんでしょう。そう思いながら、ショーツを脱ぎ去る手を止めることができませんでした。

「え……えっ……加賀さん？」

ノーパンになった私は、スカートを腰までまくり、犬がおしっこをするように片脚を上げて、康介くんの顔を跨《また》いでいきました。さわられてもいないのに、私はヴァギナが濡れているのを自覚していました。どうしようもない昂《たかぶ》りを覚えながら、康介くんの顔面にお尻を乗せて、ヴァギナで口をふさぎました。

「こんなこと、私……あぅ」

そのまま激しくヒップを振りつけると、強烈な快感に襲われました。

「あっ、イヤっ、すごい、感じちゃう」

女性上位のシックスナインの体勢で、私は自分でもあきれるほど淫らな腰つきで、濡れそぼるヴァギナを康介くんの顔面にこすりつけたんです。

「あッ、あッ、あぁぁっ、すごいぃっ」

クイッ、クイッと腰を振りながら、私は康介くんに言いました。

「ね、いっしょに、いっしょに気持ちよくなろ」

そしてフェラチオを再開しました。ペニスの根元を両手で包むようにして、亀頭を深々と口の中に含み、大きいストロークで出し入れしました。

すると康介くんも、ブチュッとヴァギナにむさぼりついてきました。

「そ、そうよ……いっぱい舐めて」

康介くんは顔を持ち上げ、舌を伸ばして、ヴァギナの割れ目に突き入れてきました。舌先を上下に動かしクリトリスを探し当てると、夢中で舐めつけてきました。

「あうッ、ひいッ」

私はビクビクと痙攣してしまいました。それから対抗するように、口の中に含んだ亀頭を舐め回しながら、ヌルヌルのペニスを指で上下にしごきました。ウエストをしゃくって、ぬかるんだヴァギナを康介くんの口にこすりつけながら、こう口にしました。

「もう、私……我慢できない」

シックスナインから体を回転させて、あおむけの康介くんに面と向かっておおい被さるように身を重ね、スッと股間に右手を伸ばしました。指先に当たったペニスをギュッと握って、亀頭をヴァギナにコントロールして宛がったんです。

「あんッ、ここ」

私が腰を落としていくと、膣の中にヌメヌメッとペニスが埋まってきました。

「はうぅ……は、入ったよ」

そのまま私は上から康介くんの頭を抱き締めて、舌を絡ませながら腰をグッ、グッと振りつけました。膣の中を往復するペニスが目に見えるようでした。

「あぁ、硬い……すごく硬いの」

訴えるように康介くんを見つめたまま、「アッ」「アッ」と小刻みなピストンをくり返してから、深く突き刺して「アアッ！」と背筋をそり返らせました。

「本当は、私……ずっと欲しかったの」

康介くんの下腹部に密着したヒップで、速く、大きく円を描きました。深く入ったままの亀頭が、膣の奥をえぐるようにかき回しました。

「こ、これッ……康介くんのおチ○ポ」

そう言ってから私は、着乱れていたブラウスとブラジャーを脱ぎ去って、全裸にフレアスカートだけという格好になりました。

そのままギュッと康介くんを抱き締めて、露《あらわ》になった乳房を胸板にこすりつけました。二人の汗が混じり合って、ヌルヌルとローションのようにすべりました。

「夢みたいです、加……由美子《ゆみこ》さん」

汗まみれの上半身をこすりつけながら、激しいリズムでヒップを振り込み、康介くんの顔面を舐め回し、耳をしゃぶるようにしてささやきました。

「気持ちいいよ、康介くんのおチ○ポ」

グチャッ、グチャッとねばった音が部屋中に響いていました。

「私のオマ○コは、気持ちいい？」

「はい、すごくエッチな入れ具合です、由美子さんのオマ○コ」

「ああっ、そんなこと言われたら……興奮しちゃう」

言葉とともにググッと上半身を起こし、私は騎乗位になりました。

「エッチなオマ○コで、いっぱいしごいてあげる」

そしてウエストが折れそうなほど、ヒップを激しく前後させたんです。

「おっぱいをさわってみて」

康介くんが両手を伸ばして、おっぱいの肉を搾るようにもんでくれました。

「もっと激しく、していいのよ」

私の求めに応じて、康介くんがこれでもかと力を入れると、指の間からニュッ、ニュッと乳房の肉がはみ出しました。同調して膣が収縮しているようでした。

「ね、乳首、乳首もいじって」

勃起した乳首を左右同時に転がされて、騎乗位の上半身がビクビクしました。

「もっと強く、ギュッてしてみて」

両乳首を親指と中指で挟んだ康介くんが、つぶれるほど力を込めてくれました。

「痛ッ、あぁぁっ、もっとぉーッ」

コリコリにこり固まった乳首を力任せに引っぱり、これでもかとひねりつけてくれました。被虐の快感が入り混じって、私は震えるように全身を痙攣させていました。

膣粘膜がイソギンチャクのように収縮して、深々と埋まったペニスを締めつけていました。

「も、もう出そうです、由美子さん……」

康介くんの訴えを聞いて、私は上半身をぶつけるようにガバッとしがみつきました。

そのまま横にグルリと回転して、入れたまま二人の上下を反対にしたんです。

「最後は康介くんが、動いて」

康介くんは私の両脚を肩に担ぐ屈曲位になって、腰を打ちつけるように動かしてきました。腕立て伏せのように両腕を突っ張り、お尻の筋肉をグイッ、グイッと躍動させて、続けざまにヴァギナを貫いてきたんです。

「あうッ、そう、いっぱい突いて！」

さすがに若々しい腰つきでした。噴き出す汗が私の顔に滴《したた》り落ちました。

康介くんの突き入れに合わせて、私も下から激しく腰をしゃくり上げました。汗まみれの肉がぶつかるねばった破裂音と、ペニスがグチャッ、グチャッと膣を貫く挿入音が、耳の奥で重なり響いていました。

「イクイク、イッちゃうぅ！」

康介くんの腰がさらに強烈に前後しました。

「むぐっ……俺も、出ます！」

そうしてかたまりのような精液が私の膣の奥に吐き出されたんです。

私の体が射精に合わせてビクッ、ビクッと痙攣しました。それが恥ずかしくて、下から康介くんに抱きつき、耳元で甘えるようにささやいたんです。

「お腹空いたでしょ？　ご飯食べようか」

それから二人ともそそくさと身づくろいをして、料理を温め直し、あらためて盛りつけをして、折り畳み式のちゃぶ台のようなテーブルに並べました。

「こんなにおいしいご飯が、家でも作れるんですね」

そんなかわいいことを言って、康介くんはむしゃむしゃと平らげていきました。若い男の子の食べっぷりは気持ちいいほどで、私は見とれてしまいました。

「うーん、ごちそうさまでした」

そう言うと康介くんは、いきなり立ち上がって、私に襲いかかってきたんです。

「ど、どうしたの……康介くん？」

私の問いかけには答えず、強い力で抱き締め、唇を重ね、舌を突き入れてきました。

荒々しいほどのディープキスをしながら、お尻をもみくちゃにしてきました。

「すぐに、もう一回……また由美子さんに入れたいんです！」

気づくと康介くんは、ズボンとパンツを脱いで下半身を露出させていました。

「す、すごい……さっき出したばっかりなのに」

ペニスがそり返るほど上を向いて、生き物のようにビクビクしていました。

「テーブルに手を着いて、お尻を突き出してください」

彼の言うとおりに、食べ終えた食器が並んだままの低いテーブルに両手を着くと、すぐさまスカートとショーツが引きずりおろされました。

「ヒッ……いや、乱暴にしないで」

私も康介くんと同じように下半身だけすっぽんぽんになって、立ちバックの体勢になっていました。康介くんが背後からウエストを両手でつかんで言いました。

「由美子さんも入れたいんですね……また濡れてますよ」

「そんなこと言わないで……あうッ！」

私の言葉をさえぎるように、硬いペニスがヌルッと膣に埋まってきたんです。そのまま康介くんは激しい出し入れを開始しました。続けざまに奥まで貫かれたんです。

「ひっ、ぐうぅっ！　太くて……き、きつい！」

私は両脚を踏ん張って、強烈な突き入れを受け止めました。

「あッ、あッ、あぁぁうっ！」

康介くんはウエストをつかんだ両手を引き寄せるタイミングで、ペニスを打ち込んできました。お尻をもみくちゃにしながら出し入れを速めてきました。

「ダメェッ、は、激し……すぎっ！」

テーブルの上の食器やグラスがぶつかって音を立てていました。

「こんな、すごい……お、犯されてるみたい」

立ったまま後ろから激しく責め立てられる私は、康介くんの出し入れするリズムに合わせて、必死で膝を曲げ伸ばし、お尻を突き出して受け止めました。

「ああっ、もっと犯して、いっぱい犯して！」

「はッ、うッ、由美子さん、入ってるところが丸見えです！」

「イヤッ、やらしい！　そんな……イッちゃう、イク、イクッ！」

荒く激しい息づかいと二人の嬌声が交錯《こうさく》して、狭いワンルームの空気をふるわせていました。剝き出しの二人の下半身は汗みどろでした。

「あぁぁーっ、もおっ、死んじゃう！」

私は髪を振り乱して、気が狂うほど感じてしまいました。

「ぐうっ、はっ、出る！」

収縮する膣の中で、何度もペニスが爆《は》ぜ返りました。

結局、康介くんは一年で遠くの営業所に転勤してしまったのですが、その間、私は毎週、彼のワンルームマンションに通って淫らな生活を楽しんでいたのです。

バスツアーで出会った魅惑の美熟女姉妹　誰もいない車中で禁断の濃厚精汁発射！

松本純也　旅行会社勤務・三十八歳

いろんなところに行楽に出かけて仕事になるのだからいい身分だねと、よく友だちに言われます。旅行会社に勤務し、主にバスツアーの添乗員をやっている三十八歳の男です。周りから見れば気楽な仕事に見えるのかもしれませんが、とんでもないです。毎日神経をすり減らし、ヘトヘトになっているのです。

バスツアーのお客さんというのはほとんどが高齢者です。だから、ともかく事故が起こらないこと、そして不平不満が出ないようにすることが大事です。

しかし、いまどきの高齢者は元気です。疲れることなく動き回り、大きな声でしゃべり、品のない会話をしながらよく食べまくり、あれがしたい、これが欲しいと、一日中ずっと要求ばかりです。おまけに、ぼくが自分の息子くらいの年齢だとわかると、結婚してるのか、彼女はいるのかとしつこく聞いてくるし、中には、オナニーはどれくらいするのかなんてことまで聞いてくるエロいばあさんなんかもいるのです。まったく、とんでもない仕事です。

これはそんなぼくが、三年前の春に経験した話です。

そのときは、東京近郊の某観光地に、菜の花を見にいくツアーでした。といっても、菜の花を楽しみにしている参加者などほとんどいません。高齢者同士で盛り上がり、おいしいものを食べるのが大方の目的です。

二十数名のツアーだったのですが、平日ということもあって、ほぼ全員が五十代以上の女性でした。目的地の菜の花畑は一面が黄色くてまさに見ごろでした。さすがのばあさんたちも目を奪われて大満足だろうと思っていたのですが、それは甘い考えでした。菜の花を見ていたのは最初の数分くらいで、すぐに「おなかすいたわねえ、ゴハンはまだかしら?」の大合唱が始まりました。

いちおうコースの中には、農家の協力で自家製の菜の花和えの試食タイムがあったので、それで空腹をごまかしてもらおうと思ったのですが、甘い考えでした。

「なによコレ、私のほうがもっとじょうずに作れるわよ」

「塩分が多いのよ。私ら年寄りの口には合わないわねえ」

「よかったら、おいしい菜の花和えの作り方教えましょうか?」

などと無礼な発言の連発です。ぼくはただもう必死になって農家の方に謝るしかありませんでした。

万事そんな調子のツアーだったのですが、中でも強烈なのが早乙女《さおとめ》さんというおばあさんでした。いまでもこの名前だけは、はっきり覚えています。

早乙女さんは姉妹で参加していたのですが、すごかったのはそのお姉さんのほうでした。おばあさんといっても、まだ六十代に入ったばかりで、見た目も若々しく、多少は化粧でごまかしてはいましたが、若いころにはそこそこの美貌だったんだろうなというような女性でした。

その早乙女さんがともかく言いたい放題のやりたい放題で、菜の花は飽きたから早めに出発しようとか、コースを変更してさっさと食事にしようとか、まるで女王のようにぼくに命令するのです。声が大きいこともあって、いつの間にか早乙女さんがリーダーみたいになってみんなを仕切りだし、そのあまりのパワーに圧倒されて、後にも先にもたった一度、そのときだけはコースを変更してしまいました。そんなことが会社にバレたら大問題なので、運転手さんに口止めするのに必死でした。

日程の半分も消化しないうちに、ぼくはヘトヘトになってしまったのですが、もしもそれで終わりなら、それはただの悪夢の一日だったはずです。

でもそうではありません。神様がちゃんとぼくのためにご褒美を用意してくれていたのです。それが、早乙女さんの妹のさやかさんです。

さやかさんはそのとき五十代半ばで、ぼくからすれば母親くらいの年齢でしたが、ぎすぎすした細身のお姉さんと違って、ややふっくらした優しそうな感じの女性でした。外見だけでなく性格も正反対で、お姉さんが大声で無理難題を言い出すたびに、ぼくのほうを見て、ほんとうに申し訳なさそうな顔をして頭を下げていたのです。なんとなく、あの叶《かのう》姉妹《しまい》を思い出させる二人でした。ああ、この妹さんは常識のある、いい人なんだなあと思ったぼくは、さやかさんの笑顔に免じてお姉さんのことを我慢しつづけていたようなものです。

そして、いよいよツアーも終わりに近づいたとき、ぼくのバスツアー人生の中でたった一回きりの夢のような体験をしたのです。

日程の最後は、某パーキングエリアでのトイレタイムでした。といっても、高齢者なので全員がトイレに行くだけでなく、最後にお土産をまとめて買う人がほとんどなので、けっこう時間をとってあります。

本当はぼくも外に出てみんなの様子を見ていなければならないのですが、そのときはすっかり疲れてしまい、バスの車内で一人で休んでいたのです。すると、そんなほくのとなりにこっそり座ったのが、さやかさんでした。

「今日はずいぶん姉がご迷惑をかけてしまって、ごめんさいね……」

さやかさんはおっとりした優しい口調で謝ってくれました。それを聞いて、ああ、なんていい人なんだろうと、なんだかすべてを許せる気分になりました。

「姉も私も一度も結婚したことがなくて、さびしい人生なんですよ。だから、たまにこう旅行なんかで発散してるんだけど、姉はああいう性格だから、行く先々で迷惑かけてばっかりなんです。ほんとうに恥ずかしいです……」

そして、二人の人生や、毎日のことを話してくれるさやさかんの穏やかな顔に、ぼくはなんとなく見とれてしまいました。白状しますが、ぼくはどちらかといえば年上の、お姉さんタイプの女性が好みです。とはいえ、さやかさんはちょっと年が離れすぎでしたが、それでもなんだか母性愛に溢れるさやかさんの笑顔と口ぶりに、ぼくの男の部分が刺激されてしまったのは事実です。

「あのお姉さんも、さやかさんみたいな優しい妹さんがいるから、あんなに奔放に生きられるですね。きっと、さやかさんに甘えてるんですね」

「まあ、そんなふうに言ってもらえると、なんだかうれしいです」

しばらく話しているうちに、気がつくとぼくの膝の上にさやかさんの手が乗っていました。女性にそんなことをされた経験がないのでドキリとしましたが、そのままにしてしゃべっていると、さやかさんの手はゆっくりと膝や太ももをなでてきました。

それはもう完全に男を誘惑する手つきでした。すっかり疲れ果てて無防備になっていたぼくには、もう理性が残っていなかったのかもしれません。

「こんなふうに男性と話すのは何年ぶりだろう？　いいものですね。あの……私でよかったら、おわびさせてくださいね」

そう言って、さやかさんが自分の顔をぼくの顔に近づけてきたときには、そのまますんなりと唇を重ねてしまいました。ぼくに断る気がないと思ったのか、さやかさんはキスしながら手をぼくの股間に当てて、そこをゆっくりとなで回してきました。すぐにぼくは反応してしまい、パンツの中が窮屈になってしまいました。

「や、やばいですよ！」

とりあえずそうは言ったものの、我慢できないのはわかっていました。

「でも、ここは喜んでるみたいですよ。こんなに硬くなってる」

「いや、それは……」

「私、これ、見てみたい……もうずっと見てないんです。それとも、私みたいなおばさんに見せるのはいやですか？」

そんなやりとりを何度も繰り返してるうちに、ぼくは我慢できなくなりました。これはまずい、と思いながらも、気がつくと、ファスナーをおろし、いきり立った男性器を出してしまいました。

「ああ、立派なイチモツ……すごくいい匂い」

そう言いながらさやかさんは顔を近づけて匂いをかぎ、指を上下させたものだから、ぼくのそれは先端からいやらしい汁をにじませていました。もうずっと女性とそういうことをしていなかったので、敏感に反応してしまったのです。しかも、さやかさんの指先が、先端の穴にふれて、そのヌルヌルした液を塗り広げてきました。

「こうやって先っぽをテカテカにしてしまうと、すごくいやらしい。あなたの亀頭、すごく立派なんですもの。エラが張っておいしそう」

さやかさんの指が、先端からエラのほうまで刺激します。

「もっと出して、エッチなお汁……私、味わいたくなっちゃった」

熱いものが先端にふれました。さやかさんの舌でした。皮を引っぱってエラを剥き出しにして指先でそこを微妙に刺激しながら、舌先で穴のところをほじくり返すようにしてきます。尿道とエラの両面攻撃で、ぼくはもうすっかりメロメロにとろけそうになり、声まであげてしまいました。なんというか、すごく愛が溢れてるというか、ほんとうに男が好きというか、男性器が好きというか、その気持ちが伝わってくるようなフェラでした。ペニスを下からこすり上げて我慢汁を溢れさせ、それを舌先ですくいとって、口の中で味わう。その一連の動きは、さすが年の功を感じました。きっと若いころには大勢の男性に奉仕したんだろうなと思いました。

「ああ、感じてる、若い男性が私のお口と指でエッチな声あげてる……うれしい。もっともっと感じてくださいね」

さやかさんはチュバチュバと卑猥な音を立てて舐めしゃぶり、男性器全体を口に入れて呑み込むように吸い上げながら、指先をタマのほうにもぐり込ませてきました。

「どうですか？　私の尺八。若い人だからおフェラって言ったほうがいいのかしらね。ねえ、気持ちいいですか？　私のおフェラ」

「き、気持ちいいです、最高です、お客様のおしゃぶり、たまりません」

「ねえ、さやかって呼んで。さやかのおしゃぶり気持ちいいの？　じょうずかしら？」

「はい、さやかさんのおしゃぶり、すごくうまくてしびれそうです」

「うれしいな。私、本当はこれが好きなんです。男性のイチモツも、おフェラも。でもいままであまりチャンスがなくて。今日の朝、あなたのことを見たときから、ああ、この人のイチモツを思いきりしゃぶってみたいって、ずっと妄想してたんです」

そんなようなことを言いながらしゃぶりつづけるさやかさんは、ぼくの手を取って自分のスカートの中に招き入れました。

「ねえ、さわってみて。朝からずっと濡れぬれなんだから」

指先でふれた下着は確かに熱く湿っていました。失礼ながら、女性はこんな年齢になっても、まだビッショリ濡れるものなんだとびっくりしました。

つい指先を動かしてクリトリスのあたりを刺激すると、さやかさんは体をビクンとふるわせて反応しました。

するとさやかさんは、自分でスカートの中に手を入れて、スルスルと下着を脱いでしまいました。見せられた下着には大きなシミが出来ていました。

「これでノーパンです。好きなようにしてくださいね」

そう言われてもバスの座席では狭くて自由に動けません。ぼくたちはお互いに並んで座り直し、そして相手の性器を手でいじりっこしました。まるでペッティングを覚えたばかりの高校生のように、さやかさんはズボンの前から突き出した男性器をしごき、ぼくはスカートをまくり上げて丸出しになった割れ目をいじくり回したのです。

バスは自分の職場なのに、そんなことをしている自分が信じられませんでした。でも、だからこそ、かえって興奮してしまったのです。

なんといっても場所はパーキングエリアの駐車場です。バスを留めているのは建物からはいちばん遠く離れた場所でしたが、それでも窓の外にはときどき人が通ります。外から見たら、添乗員と客が並んでしゃべっているように見えたのかもしれませんが、それでもドキドキです。

ぼくの指にはさやかさんの愛液がからみついて、動かすたびにヌチョヌチョとすごい音がしていました。それを聞いてぼくのものはますます大きく硬くなってきました。なにしろ長い間オナニーしかしていなかったから、さやかさんの優しくてエロい指づかいに、すっかり舞い上がってしまいました。

「そこ、いい、責めて。クリトリス、おさね、エッチなオマメ、指で転がして」

さやかさんの口から次々と出てくる卑猥な言葉にゾクゾクしました。言えば言うほど、さやかさんも興奮するようです。

「私、この歳になっても自分でオマメいじりしてるんです。でもやっぱり、男の人にされるのが気持ちいい。もう頭おかしくなりそう」

そのうちとうとう我慢できなくなったのか、さやかさんはアソコを舐めてほしいと言い出しました。

「ねえ、後ろの座席に行きましょう、あそこならいいでしょ？」

そう言われてぼくたちは最後列の長い席に移動し、周りのカーテンを閉めました。

そして、さやかさんをM字開脚にすると、白くムッチリと肉づきのいい下半身の真ん中に意外と毛深い陰毛がびっしりと生えていて、そこに卑猥な秘裂が口を開けていました。

ぼくはすぐに顔を埋《うず》めました。すごくいやらしい匂いがしました。女性器の匂いは知っていますが、それのうんと強烈な匂いがしました。いかにも熟女のメスの匂いという感じでした。

ぼくは割れ目に舌を押しつけ、匂いをかぎながらクリトリスやビラビラを舐めて味わい、穴の中にまで舌を差し込んで奥をまさぐりました。すぐに顔中が、愛液でびしょびしょになります。

「すごい、ああ、幸せ。若い男性にアソコ舐められてる、こんなのされたかった、ずっとずっと想像してたの」

上擦った声をあげて、アソコを顔にグイグイ押しつけてきます。

舌先がちょうどいいツボを探り当てると、快感が一気にはね上がるのか、ピクンと体が震えます。そのたびに、お腹周りや太もものふっくらした肉がプルンと揺れたのをよく覚えています。それがなんともエロくて、ますます夢中になって舌先を動かして、感じるポイントを責めました。

「すごいですよ、クリトリスがすごく大きくなってます」

「言わないで、恥ずかしいです。ずっと一人でさわってるから、大きくなっちゃったんです。いやらしいでしょ？　こんなに大きなおさね」

　さやかさんは自分の指で陰毛をかき分けて、その大きくふくらんだクリトリスを、剝き出しにして見せつけてきました。

「ね、子どものオチ○チンくらいあるの」

「おしとやかなさやかさんが、こんないやらしいクリトリスしてるなんて、きっと誰も想像しないでしょうね」

「やだ、意地悪……ねえ、吸って。オチ○チンみたいなおさね、吸ってください」

　唇をすぼめて、それをはさみ込むようにして吸いました。まるでフェラチオしてるみたいなへんな気分でしたが、さやかさんはそれがたまらなく気持ちいいみたいで、両手で太ももを抱えて、ますます大きく広げて全身を痙攣させながら感じています。

「吸って、もっと吸って。音立てて吸って」

　バスのシートに愛液のシミが出来ているのに気がつきましたが、もうやめられません。これでもかというくらいに吸い上げていると、

「お願い、あなたのお指ちょうだい、アソコに指入れて」

言われたとおり指先でビラビラをかき分けて、穴の奥にもぐり込ませました。そこは思ったよりも狭くて締めつけが強くて、そのくせぼくの指を奥へ奥へと誘い込むように呑み込んでいきました。

「それ、それがいいの。同時にいじめて。お願い」

クリトリスを吸いながら指で奥を刺激し、指先を曲げて上のほうやいろんなところを優しくグイグイすると、さやかさんは動物じみた声をあげはじめました。

「すごい、じょうず、あなたとてもじょうずね。私、おかしくなっちゃう」

そう言われてぼくもますます興奮してしまい、指を激しく動かすと、いきなり熱いものが溢れてきて、アソコから液体がピュッピュッ飛び散りました。指を動かせば動かすほど、その液体はどんどん飛び出して、ぼくの顔にかかります。

「ああ、出ちゃった、恥ずかしいよお」

「さやかさん、おもらししたんですか？」

「違います、おしっこじゃないの、潮吹いちゃったの」

ぼくは生まれて初めて潮を吹く女性に会いました。ぼくが吹かせたのだと思うと、すごくうれしくなって、さやかさんがとてもいとしくなりました。

ひとしきり吹いてしまうと、さやかさんは震える唇でキスしてきました。

「ごめんなさいね、私だけすごく感じてしまって」

恥ずかしそうにそう言って、さやかさんはぼくのズボンの前に突き出したままのモノを握りしめてきました。

「今度はいっしょに気持ちよくなりたいわ」

それはぼくも同じでした。すぐにでもさやかさんに挿入して激しく出し入れしたい気持ちでした。カーテンを少し開いて外を見ました。見慣れたパーキングエリアの風景です。ズラリと車が並び、人も何人か歩いています。平日だから週末ほどの混雑はありませんが、自分がそんな場所で勃起した男性器を女性に握られていることが、すごく不思議な感じがしました。

「あなた、このままで我慢できるの?」

「いや、無理です。ここまできたら、さやかさんと最後までやりたいです」

正直にそう言うと、さやかさんもうれしそうな顔をしました。でも観光バスの狭い座席でどうやればいいのか? なんといってもいままでそんな経験がないのでわかりません。迷っていると、さやかさんはぼくを座席に座らせました。下半身から男性器だけが上を向いて突き立っています。

「最初は後ろからね。背面座位っていうのよ」

そう言ってさやかさんがお尻を乗せてきました。二人とも前を向く格好です。さやかさんの口から背面座位なんて言葉が出てくるのは不思議でした。

ビショビショに濡れているそこに、ぼくのものはすぐにズッポリ入りました。さらにムッチリした柔らかいお尻を揺らして、さやかさんは奥へ奥へと誘い込もうとします。やがてちょうどいいところにおさまると、ぼくは両手で服の上から二つの乳房をわしづかみにしてもみしだきました。

切なそうな声をあげてお尻を動かすさやかさんのアソコが、グニョグニョと動いて男性器にからみついてきます。

「気持ちいい、やっぱり本物がいい……すごく硬いのね、若い人のイチモツ」

快感のままに卑猥なことを言いながら、グイグイと巨尻で男性器を征服しようとするかのように振動させてきます。生まれて初めて味わう激しさに、ぼくはすぐに射精しそうになりました。

たまらず耳元でそのことを告げます。

「いやん、私の体で精液出そうなんですね？　私のアソコ、そんなにいいの？」

「はい、最高です。こんなの初めてです」

「もっと感じてください、私もすごくいい。こんなバスの中で若い男性にイチモツ入れられて感じてるなんて、すごくはしたないけど、私、これが好きなんです。やっぱりセックスが好きい」

ぼくの体の上でユサユサと豊満な肉体を揺さぶるさやかさんを、ガッシリと受け止めながら、ぼくはもうイッてしまいそうでした。

「じゃあ、今度は前からね」

さやかさんはいったん離れると、今度は向かい合って腰を沈めてきました。

「これは、なあに？」

「た、対面座位、ですか？」

「アタリ、よく知ってるわね。思いきり下から突き上げて、ね、お願い」

今度は両手で大きなお尻をつかみました。そしてそのお尻を持ち上げたりおろしたりして、さやかさんのアソコに出し入れしました。

「すごい、これがいちばん感じる。下からズンズンくるの、大きくて硬いのが出たり入ったりしてるの。たまらない、ああ、私、これが好き、ああああ」

ぼくたちは本当の恋人のように、舌をからめてキスしました。

口の中にさやかさんの温かい唾液が流れ込んでくるのを、ぼくは全部受け止めて飲み込みました。お互いの口の周りがドロドロでしたが、それがすごくエロくて、自分たちがたまらなくワイセツな行為をしてる感じがしました。

そんなふうにしながら、つながっている下半身には、熱いものが広がってきました。また潮を吹いているようでした。シートがグショグショになるなあと頭のどこかで思っていましたが、もうどうでもよくなってきました。

リズミカルにお尻を揺さぶってキスしながら、甘い声を洩らすさやかさんが満足してくれればそれでいいと思いました。

「すごいわ、もうダメ、イキそう。ねえ、イッていい？　あなたも出して」

「いいんですか？　このまま出しても大丈夫ですか？」

「いいの、中に出して、ぶちまけて。あなたの勢いを感じたいから」

それからお互いに激しく体を揺さぶって刺激し合いながら、一気に絶頂に昇りつめてしまいました。車内にさやかさんの大きな声が響き渡った瞬間、ぼくはそのまま中に発射しました。すごく背徳的というか、やってはいけないことをやってしまった罪悪感のおかげで、射精の快感がいつもの何十倍も大きかったのを覚えています。

いま思い返せば、さやかさんは、お姉さんとは別の意味で特殊なお客さんだったと思います。あたかも突発的に始まったようなセックスでしたが、よく考えてみれば、これまでもさやかさんは、同じような経験をしてきたのでしょう。わがまま放題のお姉さんと同じように、妹のさやかさんもやはり、わがまま放題にぼくとの行為を求めたのだと思います。

その証拠に、さやかさんは狭いバスの座席でどんなふうにすればうまくセックスできるかよく知っていました。それに、休憩時間が終わってバスに戻ってきたお姉さんが、ぼくとさやかさんを見てニヤリとしたのを見逃しませんでした。

お姉さんは、妹の行動を知っていた。というか、妹がぼくとセックスするきっかけを作るために、わざとわがまま放題な客を演じていたのかもしれないとさえ思いました。

いまとなっては本当のことはわかりませんが、いまもあの姉妹は、どこかのバスツアーに参加して、同じようなことをやっているような気がします。

ぼくのほうは、あれ以来うんと年上の熟女が好きになってしまい、そんな高齢女性を相手にするこの仕事が、かなり好きになってしまいました。いまでは、また同じようなことがないかと期待しながら、添乗員の仕事をしています。

そしていまでも菜の花畑を見ると、さやかさんの熱い肉体を思い出すのです。

俳句の会で知り合った紳士から告白され久しぶりの挿入でアクメする五十路熟女

山本祐里子　会社員・五十六歳

私にはこれまで交際した男性が三人いたのですが、結果的に独身を通す人生を歩み、二年前まで趣味で俳句の会に入っておりました。

春は生き物の活動が活発化し、花が咲き誇る美しい風景が見られ、題材には事欠きません。

私が入会していた句会でも春の吟行会《ぎんこうかい》が開かれ、暖かい陽射しの中、散歩がてら近場の名所に向かいました。

会員の中に佐々木《ささき》さんという男性がいまして、年齢は六十三歳。ある食品メーカーの嘱託《しょくたく》をしており、奥さんのほかに娘夫婦と同居しているとの話でした。

とても穏やかな性格の人で以前から好意を抱いており、異性の会員の中ではいちばん仲がよく、その日もいっしょに句をしたためていました。

奥さんは活発な人で俳句に興味がなく、友人との旅行や社交ダンスに夢中になっているそうです。

吟行が終わる間際、彼のほうから食事に誘われ、私は迷いました。

奥さんは旅行中ということで、食事だけならとオーケーし、句会が終わったあとに待ち合わせをしてレストランに向かったんです。

お酒を飲んで、とても楽しいひとときを過ごせたと思っていたのですが……。

その帰り、酔い覚ましにと近くの公園を散歩したときのことでした。

「前々から、気になっていました……好きです」

突然愛の告白をされ、胸が乙女のようにときめいてしまったんです。

久しぶりに味わう恋の悦びに、恥ずかしながら舞い上がってしまって……。

突然キスをされたときは頭がポーッとしてしまい、拒否する気は少しも起きませんでした。いや、あのときは私のほうが積極的になっていたと思います。

彼の首に手を回し、自ら体を密着させていたのですから。

言いわけになりますが、最後に男性と交際したのは三十八歳のときで、十六年も異性との接触がなく、独り身のさびしさを感じていたのは事実です。

もちろん野外で男女の関係は結べませんので、私のほうから自宅マンションに誘いました。

貯金をはたいて購入した、１ＬＤＫの小さなマンションです。

部屋に入るや、私は玄関先で佐々木さんに抱きつき、壁際に押しやりました。そして積極的に唇をむさぼり、下腹を股間にグイグイ押しつけたんです。

不倫の関係だとはわかっていても、もはや自制することはできませんでした。

キスの間に私はジャケットを、彼はジャンパーを脱ぎ捨て、ディープキスで互いの性感を高めました。

「ンっ、ふっ、ンううっ」

「む、むふぅ」

不意を突かれたのか、彼はちょっとびっくりした顔をしていましたが、すぐさま抱き返してくれ、舌を激しく吸ってくれました。

じゅるじゅると唾液のすする音が洩れ聞こえると、生毛《うぶげ》が逆立ち、女の中心部がカッカッとほてりました。

背中からヒップをなでさすられただけで、性感があっという間に頂点に達してしまったんです。あのときの私は完全にタガがはずれてしまい、理性は遥か彼方に吹き飛んでいました。

お腹に当たる男性器の感触にあそこがムズムズしだし、もはやいてもたってもいられず、私はズボンのベルトをゆるめ、ウエストから手を差し入れました。

「む、ふうっ」

佐々木さんは腰をビクッとふるわせ、口の中に熱い息を吹き込みました。

それでも私は怯《ひる》むことなく下着の中に手をもぐらせ、ビンビンのおチ○チンをギュッと握りしめたんです。

いまにして振り返れば、よくあんな恥ずかしいマネができたなと思います。

淫乱な女だと言われても仕方ないのですが、盛《さか》りがついてしまったのか、どうにも止まりませんでした。

「ンっ、ふっ、ンっ！」

「お、おふっ」

彼のペニスはコチコチの状態で、樽のように膨れた胴体、ゴツゴツと浮き上がった血管、そして熱い脈動を手のひらに伝えてきました。

喉をコクンと鳴らした私は唇を離しざま、腰を落としながら下着をズボンごと引きおろしました。

「あ、ちょっ……」

佐々木さんは困惑した顔で拒否しようとしたのですが、ひと足先にペニスがぶるんと跳ね上がり、獣じみた汗の匂いが立ちのぼりました。

なつかしい男性の香りが鼻先をかすめた瞬間、子宮がキュンと疼き、エクスタシーに達してしまうのではないかと思ったほどです。

膣の奥から愛液がしとどに溢れ出し、陰部がムズムズとひりつきました。

「は、恥ずかしいですよ」

佐々木さんは裏返った声を放ち、両手であそこをおおい隠しました。

あの日は朝から暖かく、汗をたっぷりかいていたのですから当然のことです。

でも立派なおチ○チンを目にしたら、口の中に唾が溜まってしまって、もはや正常な判断能力は残っていませんでした。

私は彼の手を払いのけ、ペニスを握りしめて上下にシコシコとこすりました。

「あ、おおぉっ」

佐々木さんは顎を突き上げてうめき、腰を大きくわななかせました。

その姿に女心がくすぐられ、汗臭いおチ○チンを口元にこすりつけては匂いをクンクンかぎました。

そして唾をたっぷり滴《したた》らせたあと、タマタマのほうからベロリと舐め上げたんです。

「う、くっ」

彼の見せる反応がまた楽しくて、舌先でつつくたびに切なげな顔をし、私は高揚感に包まれながら、カリ首や縫い目をねちっこく舐め立てました。

先っぽをかぽっと咥え込み、ズズッと引き込むと、おチ○チンが口の中でのたうち回りました。

しょっぱくて苦い味覚が鼻の奥を突き刺した瞬間、頭の中がじんじんとしびれだし、性衝動が沸騰しました。

乳首が硬くしこり、胸が締めつけられるほど苦しくなった私は、コチコチのこわばりを、がっぽがっぽとおしゃぶりしました。

「く、くおおっ」

ただ舐め回すばかりでなく、指先で裏筋をなぞり、空いた手で陰嚢をコロコロと転がしてあげたんです。

顔のスライドを速めていくと、両足が震えだし、おチ○チンがひと際膨張しました。

「ああっ」

佐々木さんは私の頭に手を添え、口の奉仕をストップさせたあと、脇の下に手を入れて強引に立たせました。

「……あ」

「山本《やまもと》さんばかり、ずるいですよ」

「きゃっ」

彼は体位を入れ替えるや唇に吸いつき、その場足踏みでズボンとパンツを脱ぎ捨てました。そしてスカートをたくし上げ、ショーツをおろしはじめたんです。

「やっ、だめです」

「我慢できないですよ！」

ヒップのほうから布地を剝かれ、鼠蹊部のあたりまで脱がされると、私は身をよじって抵抗しました。

男性と女性では性器の構造が違いますし、シャワーを浴びていないのに陰部をさらすわけにはいきません。

自分の行為は棚に上げ、される立場になるとひたすらあせりました。

佐々木さんもすっかり火がついてしまったのか、目が血走り、日ごろの紳士的な態度は影もかたちもありませんでした。

「ま、待ってください……あっ」

太い指が股ぐらにすべり込み、割れ目にあてがわれました。

軽いスライドが繰り返されただけで愛液が噴き出し、凄まじい快感に指一本動かせなくなってしまったんです。

恥ずかしい箇所からくちゅくちゅと卑猥な音が洩れ出し、私は無意識のうちに天を仰いで目を閉じました。

当然、腰を落とした彼の姿は視界に入らず、気がついたときにはあそこに口を押しつけられていました。

「ひっ！」

あわてて足を閉じたものの、時すでに遅く、佐々木さんは指で陰唇を押し広げ、分厚い舌を突き出していました。

「だめ、だめ……ひぃうっ」

しょっぱなからクリトリスをしゃぶられ、再び性感が息を吹き返しました。

彼の頭を両手でつかんで離そうとしたのですが、力がまったく入らず、私はされるがままの状態でした。

佐々木さんの舌づかいはとてもうまくて、ハチドリの羽根のように、ものすごい速さで上下するんです。

剝き出しにされた敏感な箇所を集中的に責められ、まるで天国に舞い昇るような快感でした。

「ああ、山本さんのここ、おいしいですよ」

「ひ、ひ……あ、あぁ」

信じられないことに、私はすぐに軽いアクメに達してしまい、ヒップをガクガクとふるわせました。

気分がやや落ち着いたところで、ようやくねちっこいクンニをする彼の肩を押し返すことができたんです。

「ここじゃいや……私の部屋に来て」

私はショーツを片手で引き上げ、佐々木さんの手をつかんでリビングに向かいました。

彼は下の衣服は脱いでいたので、もちろん男性器は剝き出しのままです。

私の頭の中から、汗を流したいという考えは吹き飛んでいました。

一分一秒でも早く、おチ○チンが欲しくてたまらなかったんです。

リビングの奥にある寝室に連れ込んだとたん、彼の性欲も極限状態に達していたようで、すぐさまベッドに押し倒されました。

「ヤンっ！」

「はあはあっ……山本さん、欲しい、あなたが欲しいです！」

またもや唇をむさぼられる間、スカートをめくられ、ショーツを剝きおろされました。

このときは私も拒否する気はなく、おチ○チンを握りしめては上下にしごいていたんです。

下着が足首から抜き取られると、佐々木さんの唇は耳や首筋に移動し、丹念な愛撫をされました。

あそこはもう愛液でぐしょ濡れの状態になり、私はおねだりするように腰をくねらせたのですが、彼が体をズリ下げると恥ずかしさが募《つの》り、足をぴったり閉じました。

「や、やあっ」

「欲しい、もう我慢できないですよ」

「……あぁ」

もちろん、男性の力にかなうはずはありません。強引に足を広げさせられ、右手の中指でクリトリスをなでられると、体から力が抜け落ちました。

くっちゅくっちゅっと軽やかな音が室内に響き渡り、私はあまりの気持ちよさに、全身をふるわせました。

やがて佐々木さんは股間に顔を埋《うず》め、激しい口の奉仕で性感ポイントを責め立ててきたんです。

「あ……や、ン、はぁぁっ」

快感の稲妻が脳天を貫き、意識せずとも口から高らかな声が放たれました。

まさに悶絶《もんぜつ》という表現がぴったりの乱れようで、自分でも気がつかないうちに彼の髪をかきむしっていたのではないかと思います。

ぴちゃぴちゃ、ずちゅるるっと卑猥な水音が洩れ聞こえ、続いてクリトリスが陰唇とともに口の中に引き込まれました。

彼は舌と上顎で肉粒を挟み込み、延々と甘噛みしてきたんです。

「ひ、ひぃっ」

身も心もとろけそうな悦楽に身をのけぞらせ、今度はベッドカバーに爪を立て、大股を開いて恥骨を迫り上げました。

「はっ、はっ、はあぁっ」

いちばん感じる箇所をくにくにとなぶられ、私はあっけなくエクスタシーの波に呑まれてしまいました。

目を閉じてうっとりしている間に、佐々木さんは全裸になったようで、私のほうはブラウスを脱がされていることにすら気づきませんでした。

「あ、ンっ」

ブラジャーをはずされたところで意識がはっきりしだし、視界にビンビンのおチ○チンが入りました。

すぐさまむさぼりつくと、不意を突かれた彼はあおむけに倒れ込み、私はのしかかってペニスを舐めしゃぶりました。

佐々木さんのおチ○チンは、全然小さくならずにずっと勃《た》ちっぱなしなんです。還暦を過ぎた男性がこんなに逞しいとは考えていなかったので、とてもびっくりしたのですが、体のほうはさらなる快楽を求めて燃え上がっていました。

「お、おおっ」

頬をすぼめて首を打ち振り、じゅっぱじゅっぱと吸い立てると、彼は盛んに低いうめき声をあげました。

そして、とんでもない要求を突きつけてきたんです。

「お、俺も舐めたいです。顔を跨《また》いでください」

恥ずかしさに全身がほてったのですが、性感はますます昂《たかぶ》り、私は一も二もなく体を反転させて、佐々木さんの顔を跨ぎました。

「ン、ふっ！」

指であそこを広げられ、うねる舌先がクリトリスと膣の中をしゃぶりました。

愛液が無尽蔵に溢れ出し、顔にまで滴っていたかもしれません。

彼も負けじと唇をすぼめて吸いつき、さらには指を膣内に埋め込みました。

「……ひっ」

にちゅりという音に続いて指腹が膣の上部をこすり、目眩《めまい》を起こすほどの快楽が背筋を駆け抜けました。

「あ、あ、やぁぁあっ」

私は思わずペニスを口から吐き出し、高らかな声をあげつづけました。

「すごいです……中がとろとろだ」

「だめ、だめっ」

「ここかな？　ここが気持ちいいんですね？」

大人の男性は女性の性感スポットを熟知しており、集中的に責められると、心地いい快美が全身にまで広がりました。

「ふンっ！　ふンっ！」

絶頂に向かって昇りつめる中、ついに我慢の限界を迎えた私はヒップを上げ、身を反転させてペニスを股ぐらに押し込んだんです。

佐々木さんの口元は、大量の愛液と唾液でベトベトになっていました。

「はあはあっ……ンっ！」

いざ結合しようとしたものの、パンパンに膨れた亀頭は膣の入り口をなかなか通過しませんでした。

いまにして思えば、彼のペニスは歴代の彼氏よりも一回り大きく、カリ首も横に突き出ていたため、容易に受け入れられなかったのだと思います。

ヒップを慎重に沈め、下腹部に力を込めたところでカリ首がとば口をくぐり抜け、巨大な快感が火柱のように身を貫きました。

「あ、あぁぁっ」

勢い余ってズブズブと奥まで差し入れられると同時に、またもや軽いアクメに達してしまったんです。

「ン、ン、ンぅぅ」

逞しいおチ〇チンが膣の中をいっぱいに満たし、息が詰まるほどの迫力に、私は圧倒されっぱなしで身動きがとれませんでした。

「……大丈夫ですか？」

「え、ええ」

か細い声で答えると、彼は腰をクンと突き上げ、ペニスの先端が子宮口を猛烈な勢いで叩きました。

「ひぃう……だめ、動いちゃ……あぁン」

拒絶の言葉を放ったものの、腰の動きは止まらず、まるでマシンガンのようにガンガンと打ちつけられ、全身が激しくバウンドしました。

「あ、あ、あ……」

気が遠くなるほど気持ちがよく、ピストンがストップすると同時に、今度は私がヒップを振り回しました。

あんな積極的なエッチをしたのは、初めてのことだったのではないかと思います。

「む、むむっ」

「ああ、いい、いいわぁ！」

バチンバチンと太ももを打つ音を聞きながら、膣の中の粘膜でおチ○チンをたっぷり引き絞り、佐々木さんは額に脂汗をにじませて唇をゆがめました。

「す、すごい……そんなに激しく動いたらイッちゃうよ！」

「イッて、イッて、中に出して！」

ヒップをグリングリンと回転させると、ペニスがひと際膨張し、熱いしぶきが膣の奥にぶちまけられました。

同時に私も一直線に頂点へと達し、絶頂の波に呑み込まれてしまったんです。

その日、佐々木さんは私の家に泊まっていきました。

一度だけでは物足りず、朝起きたときにもう一度求め合い、ずいぶんとはしたない声をあげてしまったと思います。

その後も佐々木さんとの関係は定期的に続けていたのですが、彼を独占できないことに耐えられずに別れを告げ、俳句の会もやめてしまいました。

彼との秘め事は、私だけの性春の思い出です。

新人研修から脱走しようとしたあの日
美熟女講師の淫靡な肉体で励まされ……

有田真人　会社員・四十四歳

これはいまから二十数年前、私が社会人になりたてだったころの話です。

私が入社した企業は、新入社員研修でハードなメニューをすることで有名でした。いまで言うブラック研修で、私たちは四月の入社早々に、山奥の研修施設に連れていかれました。

そこで最初に行われたのが、ひたすら挨拶を繰り返す訓練です。発声やおじぎの角度など完璧にできなければ、講師から容赦なく罵声《ばせい》が飛んできます。

数カ月前まで学生だった私たちは、ただおびえながら、言われたことをやるしかありませんでした。

これなどはまだ序の口で、何時間も大声を出させられ、さらにランニングに腕立て伏せと、肉体訓練のメニューまで組み込まれていました。宿舎に帰っても夜中までレポートを課せられます。こうした訓練が、朝から晩まで一カ月も続くのです。

あまりに過酷な研修に、同期の新人は耐えきれずに次々と脱落していきました。みんな研修施設から、夜中に脱走してしまうのです。

会社側も去る者は追わずで、逃げた者を特に連れ戻そうとはしませんでした。残った新人を徹底的に鍛え上げればいいという方針だったようです。

私はなんとか研修をこなしていたものの、身も心もボロボロになっていました。食事もろくに喉を通らず、疲れ果てているのになかなか眠れない毎日でした。

このまま会社に残っても、いずれ壊れてしまうだろう。そうなる前に逃げ出したほうがマシだ。

そう思った私は、ある夜、とうとう施設からの脱走を決意したのです。

夜中にこっそりと寝床を抜け出すと、あらかじめまとめておいた荷物を持って同期が寝ている大部屋の外へ出ました。

幸い廊下に見張りはいません。私は足音を消して慎重に歩き、玄関にたどり着きました。

ようやくホッと安心し、これでつらい研修ともおさらばだと思った瞬間でした。

「あなた、そこで何をしているの？」

背後から女性に声をかけられた私は、ビクッとなって立ち止まりました。

立っていたのは、研修で講師をしていた社員の坂木《さかき》さんです。たまたまトイレにでも行く途中だったのか、運悪く出くわしてしまったのです。

彼女は四十代前半ぐらいの、眼鏡をかけた理知的な美人ですが、男性講師にも負けない厳しさでした。

社会人としてのマナーや作法を叩き込まれ、まちがっていれば「やり直し！　何度言ったらわかるの！」と厳しく叱責《しっせき》されます。

覚えが悪い私もさんざん叱られました。ヒステリックで高圧的な態度からは、まるで優しさが感じられませんでした。

そんな女性だけに、見つかってしまったときには心臓が止まる思いでした。

「あなた有田《ありた》くんだったわよね。ひょっとして、ここから脱走しようとしてたの？」

明らかに怒っているような口ぶりです。私は観念して黙ってうなずきました。

てっきりいつものように、叱責をされるか人を呼ばれると思いました。脱走の現場を見つかってしまったからには、さすがに見逃してもらえるとは思いません。

ところが私の予想に反して、彼女は冷静に私を諭しはじめたのです。

「今日のところは見逃してあげるから、部屋に戻りなさい。あなたのことは、上司にも報告しないでおいてあげるから」

ふだんとは別人のような態度に、私はキョトンとしてしまいました。

さらに彼女は優しい言葉づかいで、私を思い止まらせようと目の前に座って話をしてくれました。

「私もね、新人のころはさんざん研修で厳しくされたの。あなたのように何度も逃げ出そうと思ったくらい。でもがんばって耐えたから、会社に残って出世もできたのよ。あなたも簡単に逃げ出そうなんて思わないで、もう少しがんばってみなさい」

彼女は会社では課長の役職についています。それだけによっぽどつらい思い出だったのか、説得には心がこもっていました。

しかしいくら説得をされても、私はもう限界でした。たとえ彼女に止められても、力づくで振り切ってここから逃げ出す覚悟でした。

私がなかなか指示に従わないので、彼女も私の気持ちを読み取ったのでしょう。

「もう、しょうがないわねぇ……」

そう困ったように言うと、彼女はおもむろに立ち上がりました。そして私の手を引き、自分が使っている個室へ私を連れていったのです。

どうしてこんな場所に私を連れ込んだのかと不思議に思っていると、なんと彼女が突然服を脱ぎはじめたのです。

私はあっけに取られたまま、彼女の姿を黙って見守っていました。

「このことは……絶対に人に言っちゃダメよ。私までクビになっちゃうから」

そう言いながら、とうとうブラとショーツだけの下着姿になってしまいました。

体つきはスリムですが、胸はそこそこの大きさがあります。スタイルはまったく崩れていなくて、四十代とは思えませんでした。

私たちを厳しく指導している彼女が、どうして目の前で裸になっているのか？　私はまだ頭が混乱していました。

彼女は私を自分のベッドに腰かけさせると、目を見つめながら聞いてきました。

「あなた、ここに来てからずっと溜まってるんでしょう？」

「えっ、あ……はい」

実際、研修がはじまってからは毎日がヘトヘトで、とても性欲を感じる余裕などありませんでした。おそらく、ほかの同期も同じだと思います。

「あなたみたいな子は、一回スッキリすると気分も変わるのよ。今日は特別に、私がいいことをしてあげる」

そう言うと、口づけをしてきたのです。

やわらかい唇と舌で口をふさがれると、私は一瞬で体に火がつきました。

それまでは彼女の下着姿を目にしても、冷静でいられました。しかしキスをされた瞬間に、たまらなく興奮してきたのです。

しばらく舌を絡みつけられてから、彼女の唇が離れました。

「どう、少しは興奮した？」

私が「はい……」と返事をすると、彼女は穏やかな表情で微笑んでいました。

「そう、よかった。私みたいなおばさんでも、そんな気分になってくれて。じゃあ、あなたも服を脱いで」

私は言われるままにベッドから立ち上がり、着ていた服を脱いでしまいました。

どうしてこんなことになってしまったのか、まだよくわからないままでした。ただこの場は彼女に従っておこうと、それだけを考えていました。

ズボンを脱いでしまうと、久々にペニスが勃起していました。

テントを張った下着を見て、彼女は驚いた顔をしています。

「あらあら、こんなになっちゃって。ずいぶん溜まってるみたいね」

そう言いながら、さっそく股間をなで回してきました。

彼女の手つきは、下着ごとペニスをもみしだくような動きです。指で硬さや大きさを確かめているようでした。

私も学生時代に彼女はいたものの、セックスの回数は数えるくらいです。当然、大人の女性との経験などありません。

それだけに興奮はしていても、どこか気後れしていました。下手なことをしてしまえば、また怒らせてしまうかもしれないと不安だったのです。

すると私の気持ちを和らげるように、彼女はこう言ってくれました。

「いいのよ、緊張しなくても。これは研修じゃないんだから、安心しなさい」

すると、私が手を出しやすいようにするためか、わざわざブラジャーをはずしてくれたのです。

サイズも形も、年齢を感じさせない胸でした。若い女の子のように張りがあって、ツンと乳首が立っています。

ただ乳首の色だけは、さすがにきれいなピンク色ではありません。褐色に近い使い込まれた色でした。

私がそっと胸をさわってみると、彼女はくすぐったそうに笑いながら、私の体をベッドに押し倒してきました。

そして「じっとしてなさい」と言って、今度は首筋にキスをしてきたのです。

唇へのキスと同じように、彼女は私の肌に舌を這わせてきました。ベロベロといやらしく舐め回し、体を上から押しつけてきます。

こそばゆい舌の感触と、体からただよってくる甘い匂いで、私はますます興奮しました。

胸の感触もやわらかくていいもみ心地です。さわっていると手のひらがしっとりと汗ばんできました。

だんだんと私も気持ちが落ち着いてきて、自分からも彼女の体を積極的に愛撫したくなりました。

「乳首、吸ってもいいですか?」

私が言うと、それまで上になっていた彼女がベッドに横になり、どうぞと言わんばかりに私を待っています。

今度は私が上になって彼女の胸に顔を埋《うず》めました。さっきよりも濃厚な肌の匂いがして、思わずクンクンとかいでしまいました。

「んんっ……」

乳首に口をつけると、かすかに鼻にかかった声が聞こえてきました。

さらに軽く舐めてやり、唇で挟んで吸ってやります。あまり力を入れずにソフトな愛撫でした。

それだけで彼女は「ああ……」と甘い声を出し、腕を私の背中に絡めてきました。

私は勝手に反応が薄いタイプだと思っていましたが、意外と感じやすいようでした。

舐めている乳首も硬くなってきています。

ソフトな愛撫では物足りないようなので、少し力を入れて吸ってみると、ますます反応がよくなりました。

「あっ、ああ……はぁっ」

ため息混じりの喘ぎ声が、とても色っぽいのです。

ふだんは鬼のように厳しいのに、ベッドで見せる姿は別人のようでした。そのギャップがたまりませんでした。

しばらくすると、彼女はうっとりとした声で私に言いました。

「もう、そんなに吸われたら、おっぱいがジンジンしてくるじゃない」

私には、彼女が照れ隠しでそう言っているように聞こえました。乳首を吸われている間も、私の背中に回した手を離そうとはしていなかったからです。

私は顔を起こし、彼女の下半身へ移動させました。

まだショーツは彼女の体に残ったままです。黒地のアダルトなデザインで、いつものお堅い服装の下にこんなものをはいていたのが意外でした。

「これ、脱がせてもいいですか？」

さすがに勝手に脱がせてはまずいと思い、そう確認をしました。

「あなたが脱がせてくれるの？　じゃあ、お願いしようかしら」

彼女はベッドに横たわったまま、私の手に委《ゆだ》ねてくれました。

ショーツをおろす瞬間は、さすがに少し緊張しました。

同い年の女の子とは違い、はるかに年上の女性です。どんなあそこをしているのか想像もつきませんし、期待が半分と見て幻滅しないかという不安が半分でした。

まず目に入ってきたのが、股間をおおう黒々とした毛です。かなり毛深いタイプのようでした。

いよいよショーツを脱がせて足を開かせてみると、想像よりもずっといやらしい形をしていました。

広がったビラビラと、その内側に小さな穴が見えています。お尻の穴まで隠れている場所はありませんでした。

「あんまりジロジロ見ないで……私だって恥ずかしいんだから」

「あっ、すいません……」

謝りはしたものの、そう簡単には足を閉じさせませんでした。

じっくりと観察した次は、あそこを指で愛撫します。毛をかき分けて押し当てた指先を、上下に動かしました。

するとクリトリスにふれたときに、彼女の体がぴくんとふるえました。

「あんっ、あっ……んんっ」

やはりそこがいちばん敏感なようです。何度も指で転がしていると、声が途切れなくなりました。

さらに指を下へすべらせると、あそこの内側はじんわりと湿っていました。

「かなり濡れてますね」

私の言葉に、彼女は無言でした。

しかし怒っている様子ではありません。快感にひたった表情を私に見られないように顔をそらしています。

今度は別の指を膣の中に挿入しました。

ヌルヌルした穴の内側は、ここだけが体温が高くなっているようでした。

「はぁんっ……！」

指を動かしてみると、彼女の声がさらに甲高くなりました。

ゆっくりと出したり入れたりを繰り返します。さらに入り口まで抜いてから奥に入れるまで、指を左右に回転させてみました。

動きを速めると彼女はベッドの上で悶《もだ》えはじめ、ビクッ、ビクッと腰が浮いてくるようになりました。

「ダメ、ダメ、そんなに奥まで……許して、ああんっ」

驚いたことに、彼女は本気で感じてくると、弱々しい声で許しまでこいはじめたのです。

もちろん、そう言われたからといって止めるわけがありません。もっと彼女の反応を引き出そうと、勢いをつけて指を突き入れてやりました。

すると私の目の前で、彼女は小さな声で「イクッ」と口走りました。

次の瞬間です。私の手首を押さえつけながら、何度も体をふるわせたのです。

まさか指だけでイッてしまうとは、私も思っていませんでした。私のテクニックが優れていたというより、それだけ彼女が快感に弱かったようです。

体の痙攣が収まると、彼女は我に返ったように私を睨《にら》みつけました。

「もう、そんな目で見ないで……早く指を抜いてちょうだい」

自分よりもはるかに年下の新入社員の前で、簡単にイッてしまう姿をさらけ出してしまったからでしょうか、恥ずかしそうな口ぶりで私に文句を言いました。

彼女の膣に挿入していた指は、愛液にまみれて根元まで濡れています。

その指をまじまじと見ていると、また彼女から責められました。

「やめて、いやらしい……まったくあなたって、研修では覚えが悪いのに、こういうのだけは得意なのね」

ネチネチと嫌味を言われてはいますが、私にはほめ言葉に聞こえました。

それに口とは裏腹に、彼女は私にこんなご褒美をくれたのです。

「私も口でしてあげるから、早くパンツを脱ぎなさい」

そう言われて、私はすぐさま下着を脱ぎ捨てました。

ギンギンに勃《た》ったペニスを彼女は片手でさすりながら、顔を近づけてきます。

「あんまりこういうの、してあげたことがないの。あなたは特別よ……」

そして、ペニスを口に含んでくれました。

彼女の言うことが本当なら、よほど私はラッキーだったに違いありません。

なにしろプライドの高そうな女性が、私の股間で必死になってペニスを頬張っているのです。気持ちよさだけでなく、とてもいい気分でした。

彼女は口を動かしながら、舌も積極的に使ってくれました。

これがなかなかのテクニックなのです。上から下へ舐め回したかと思えば、亀頭を念入りにねぶってきました。

「すごく、気持ちいいです。ああ……」

私が声を出すと、それにこたえるかのように彼女の口の動きが、さらに激しくなりました。

まるで、私にイカされてしまった仕返しをするかのようです。きつく唇をすぼめて吸いつづけ、ペニスが丸ごと呑み込まれてしまいそうでした。

「あの、ストップ！　もういいです、それ以上は……」

あわてて私は言いました。あのまま続けられたら、まちがいなく我慢できずに爆発していたでしょう。

口を離した彼女は、ちょっぴりうれしそうです。私が弱音を吐いて、プライドが回復したのでしょう。

「じゃあ、こっちに来て」

私は彼女に腕を引っぱられ、ベッドに並んで横になりました。

いよいよ、これから彼女を抱くことができます。すっかり気分も晴れていた私は、胸がワクワクしました。

その前に、彼女は足を抱えてペニスを挿入しようとしている私にこう言いました。

「私を抱いたら、ちゃんと明日からも研修を受けるのよ。いい？」

「はい」

約束をすませると、腰を突き出して一気にペニスをねじ込みました。

ねっとりと熱い穴がペニスを包み込みました。ヌルヌルした感触だけでなく、締まりも悪くはありません。

ペニスを入れてしまってから、私はまず彼女の両足を腕に抱え、より腰を密着させました。

「ああっ……！」

深くつながってしまうと、彼女は目を閉じて甘い声を洩らします。

その表情はとても気持ちよさそうで、快感にひたっている様子が伝わってきました。

いつもの険しい顔つきが、すっかりゆるみきっています。

そんな姿を見ていると、私は自分が気持ちよくなるよりも、彼女がどんな淫らな素顔を見せてくれるのか興味が出てきました。

「あっ、そんなに奥まで……ああっ、ダメっ！」

やはり強く膣奥を突かれると弱いようです。

ならば当然、腰の勢いを弱めるわけにはいきません。しっかりと足を固定しながら、体ごと押しつけてやりました。

するとと彼女は「ああんっ！」と悲鳴をあげ、部屋の外に洩れてしまうのではと思いました。もし施設にいる誰かに聞かれでもしたら、たいへんなことになります。

しかし彼女はそんなことを気にする余裕もなく、私の下で喘ぐばかりでした。

「ああっ、もう……おかしくなりそうっ！」

まるで自分が彼女を支配しているような気分でした。さんざん叱られた相手だということも忘れ、もっと責めてやりたくなります。

「どうです？　ほら、ほら！」

私はすっかり調子に乗って煽ってやり、彼女の返事を待ちました。

「き……気持ちいいっ、すごく」

「もっとしてほしいですか？」

「してっ、もっとしてっ！」

ふだんの彼女であれば、絶対にこんなことは言わないでしょう。それほど快感で我を忘れているようです。

私もそろそろ射精が近づいてきました。コンドームをつけていないので、抜くかどうか迷いました。

おそらく彼女も、最後は私がペニスを抜いてくれると思っているはずです。しかし、せっかく抱かせてもらっているのだから、最後まで彼女の厚意に甘えたいと思いました。あとで怒られても止むをえまいと、抜かずに腰を振りつづけました。

そうとも知らず、彼女はひたすら喘いでいます。私がラストスパートをかけると、それに合わせて声もいちだんと大きくなりました。

「ああ、もうダメだ……」

とうとう我慢できなくなった私は、彼女の上におおいかぶさったまま、体ごと腰を密着させせました。

「すみません、このままイッちゃいます！」

私がそう謝ると同時に、快感が爆発しました。

腰の動きを止めると、全身から力が抜けていきました。あまりの気持ちよさで声も出ませんでした。

「はああ……」

私が膣内で射精している最中も、彼女は息を喘がせています。腰に手を回しながら、自分からも足を絡みつかせていました。

しばらく私たちは抱き合ったまま、すべてを出し切るまで、彼女の体から離れませんでした。

ようやくペニスを引き抜くと、中に溜まった精液がシーツにドロドロとこぼれ落ちました。

こんなに大量に出したのはいつ以来だろうと、自分でも驚くほどでした。それほど彼女とのセックスは、すばらしかったのです。

「あの、すみませんでした。勝手に中に出しちゃって……」

いまさら頭を下げる私に、彼女は苦笑いをしながら「しょうがないわねぇ」と、許してくれました。

「まぁ、あなたみたいな若い子のやる気を引き出すのも私の役目だから。これでスッキリしたのなら、それでいいわ」

すると、また元の顔に戻って、私に励ましの言葉をくれました。

もっとも、彼女自身も本音ではセックスを楽しみたかったのだと思います。考えてみれば、逃げ出そうとする新入社員を引き止めるために、わざわざ体を与える必要などなかったはずですから。

ただ私にとっては、彼女の優しさは大きな救いになりました。つらくなっても彼女との約束を思い出し、どうにか研修を乗り切ることができたのです。

あれから長い年月が過ぎ、現在も私はその会社に勤めています。結婚して家庭も築き、そこそこの幸せをつかむこともできました。

もしあのとき逃げ出していれば、いまとは違うまったく別の人生を歩んでいたでしょう。

そう思えば、あの夜に偶然に彼女に出会ったことが、私の運命の別れ道だったのかもしれません。

第四章 豊潤な牝の果実を晒す美熟女の本能

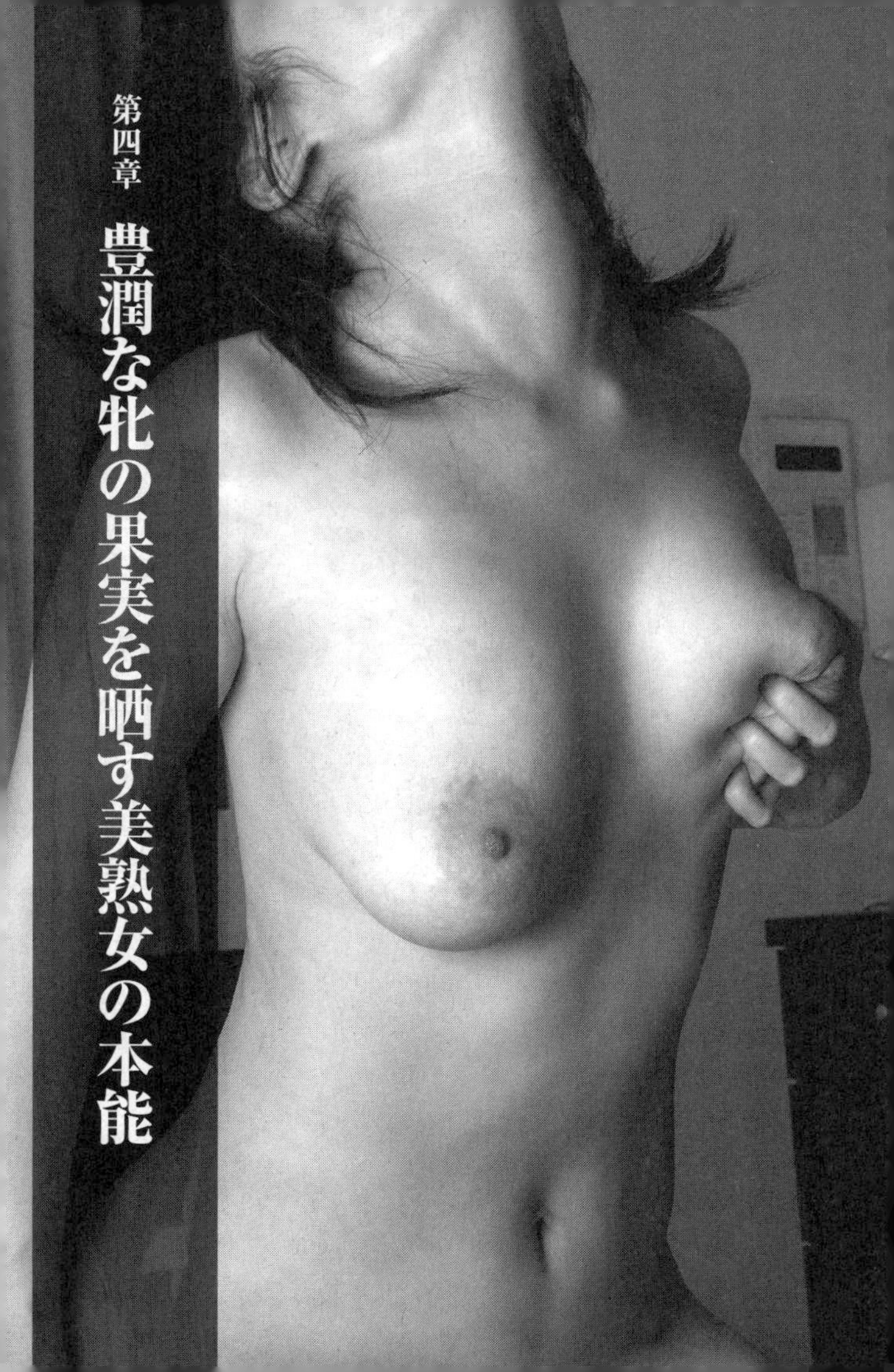

満員電車で娘に痴漢する若い男を捕らえ己の溜まった性欲を発散するドS熟妻！

戸山美保　主婦・四十五歳

あれは、娘が高校に入学して、間もないころのことです。

それまで、地元の公立中学に通っていた娘は、念願の志望校に合格して、初めての電車通学を始めました。真新しい制服に身を包んで、誇らしげに出かけていく姿を、ホッとした気持ちで見送っていました。

ところが数日たったころ、娘が朝から暗い表情を浮かべていることに気づいたのです。新しい環境になじめず悩んでいるのかな、なんて思っていたのですが、学校に行きたくないと泣き出したので、事情を聞いてみました。

驚いたことに、朝の満員電車で痴漢にあっていると言うのです。

娘は私に似て、色白のぽっちゃり型です。夫が、「最近ママに似てきたね」と言うくらい、胸やお尻の発育がよいので、痴漢の餌食《えじき》になっても不思議ではありません。

何をされたのかと聞くと、お尻をなで回され、硬いモノを押しつけられたと言いました。

女性専用車両は満員で乗れないことが多いらしく、車両を変えたり、時間をずらしてみたりしたらしいのですが、それでもあってしまうので困っていたようでした。そのせいで、学校に遅刻したこともあるというのだから大問題です。

そんなときは大声を出しなさいと言いましたが、年ごろの娘は、それも恥ずかしくてできないと言いました。

一所懸命勉強して、やっと合格したというのに、そんなことで出ばなをくじかれたかと思うと、腹が立ってきました。悔しいのは娘だけじゃありません。親の私だって初めての受験戦争を、いっしょに乗り越えてきたのです。

「許せないわ！　よし、今日からママもいっしょの電車に乗って、犯人を捕まえてやるわ！」

夫は娘より三十分ほど先に出なければならず、私が娘を守るしかありませんでした。

その日からさっそく、通学電車に同伴したのです。

娘は、「ママって、頼もしい」と安心して喜んでいました。

娘を生んでからは、ずっと専業主婦をしてきたので、朝から化粧をして身支度をととのえると新鮮な気分になりました。娘には言えませんでしたが、平凡な毎日と違うことにワクワクする気持ちもあったのです。

そうは言っても、卑劣な痴漢を退治する任務があるので、多少緊張はしていました。痴漢に娘のお供だとバレてしまわぬよう、勤め人のような格好をして、少し離れた位置から後ろ姿を見守りました。

気を抜くと、人の波に呑まれたまま、はぐれてしまいそうになるので、必死でポールにつかまっていました。

もみくちゃにされながら顔を上げると、すぐ目の前に男性の顔があり、ドキッとしました。

若いころはそれがイヤで、顔をそむけて耐えていたものですが、この歳になったからか、たまにしか乗らないからか、すごくエッチな気分になってしまったのです。

首筋に生温かい息が掛かってきたり、肘で胸を押されたりすると、体がムズムズしてきました。

その感触だけでなく、ワイシャツにしみ込んだ汗の匂いや、夫のモノとは違うシェービングフォームの匂いをかいでいるうちに、見知らぬ男の腕の中にいるような気持ちになってきました。

テレビで好きな俳優を見ていたって、そんな気分にはなりません。生身の男臭さは、とても刺激的でした。

痴漢は絶対に許せるものではありませんが、そうして揺られているうちに、ふと、痴漢の気持ちもなんとなく、わかるような気がしてしまったのです。見知らぬ男女が体を密着させる場所など、ほかにありません。

おかしな妄想に走る自分をいましめましたが、お股が少しだけ、濡れてしまっていました。

その日は何ごとも起こりませんでしたが、しばらくは毎朝同伴することにしました。あの朝も、娘を見守りながら、ときおりおかしな妄想にふけっていました。数日間、何も起きなかったので、もう大丈夫なんじゃないかと油断しはじめたときです。

娘がイヤホンをはずして、痴漢の存在を知らせてきました。前もって決めていた、痴漢にあったときの合図でした。

さすがの私にも、緊張が走りました。

娘の近くに立つ人を見回しましたが、想像していたような、いかにも変態そうな人は見当たりませんでした。

それでも必死で、娘のそばに行こうと体をよじりましたが、かっちりと挟み込まれて、身動きできませんでした。

しかたなく、人々の肩越しから娘の周囲を観察していると、一人の男性が目にとまりました。

娘の背後に立つその男は、左手でつり革につかまりながら、おろした右手をもぞもぞと動かし、不自然な前傾姿勢で、娘の髪に鼻先を埋《うず》めていました。

ああ、まちがいない！　と思い、その人物を注視したまま、次の駅に停車するのを待つことにしました。

電車が止まって、開いた扉に人々がいっせいに動きだしたそのすきに、駆け寄って男の腕をつかみました。男は驚いたような顔で一瞬こちらを見ましたが、驚いたのはこちらも同じでした。

若いイケメンで、きちんとスーツを着込んだ、まじめそうなサラリーマン風だったからです。イメージしていた変態の雰囲気とは、あまりにも違っていました。

娘に教えたように、大声を出すつもりでしたが、いざとなるとできませんでした。実際に現場に立ってみると、しんと静まり返った車内で大声を出すというのは、ほんとうに勇気のいることだとわかったのです。

それでも、とにかく娘を守りたいという一心で、つかんだ男の腕を引き、電車を降りていました。男は、一瞬腕を振り払おうとしましたが、睨《にら》みつけて声を出すまねをしてみせると、おとなしくついてきました。

降り口は人で溢れていたので、ホームのいちばん端まで行って問い詰めると、彼は泣きそうな顔をして、素直に罪を認めました。

糊のきいたシャツに、おろしたてのようなスーツ姿で、聞いてみると、その春社会人デビューしたばかりだと答えました。

「会社に行く途中に、なんてことしているの！　自分のしたことがわかっているの？」

彼は、会社にだけは言わないでくださいと繰り返していました。

熟女って、そんな情けない男に弱いのかもしれません。痴漢くらいで、人生を棒に振るのがかわいそうにも思えてきました。

息子みたいな歳の男の将来が、自分次第で決まるのかと思うと、駅員に突き出すことがためらわれました。

ただ、そのまま許すのでは甘すぎるし、娘にもしめしがつきません。

そうして向き合っているうちに、とんでもないことを思いついてしまったのです。

そうだ、この若い男を手なずけてしまえばいいんだって。

「とにかく、表に出ましょう。逃げ出そうとしたら、すぐに大声を出すわよ」

地下鉄の階段を上って外に出ると、爽やかな晴天が広がっていました。

薄暗い人混みから解放された勢いもあり、いつになく大胆になっていました。

何ごともなければ、きっと家で洗濯や掃除に追われているころだろうな、なんて思うと、日常とかけ離れた朝の光景に、冒険心が止まらなくなったのです。

遅刻の連絡を会社に入れなさいと促《うなが》しながら、どこに行こうか考えていました。朝っぱらからつきあわされているおかげで、こちらは時間を持て余していたのです。

その駅には降り立ったことがあり、駅前には交番があるのもわかっていました。

念のため、脅しておこうと思いました。

「さぁ、どうしようかしら。あの交番に行くか、それとも私の言うことを聞くか」

彼は「え!?」と驚いたような声をあげて、私を見つめ返してきました。

「言うことを聞けば、許してくれるんですか？　は、はい……なんでも聞きます」

ぺこぺこと頭を下げながら、すがりつくような視線を送ってきました。

「ついてきなさい。フフ、バカね。さわりたかったら私をさわったらよかったのに」

逃げられないように、きつく腕を組みました。

汗ばんでいる彼の、温まった体温が薄手のブラウス越しに伝わってくると、股間がキュキュッと疼きました。少し前まで、娘のお尻をさわって発情していた若い男の熱気を感じたのです。

少し歩いた路地裏に、ラブホテルがあったことを思い出していました。以前、その近くを通ったときに、私の人生には無縁だと思いながら、看板を見上げた記憶がありました。

ネオンを消した朝のホテルは、古びた外装を露呈していましたが、うらぶれた景観には、非日常の趣《おもむき》がありました。

「ウフフ。ここでみっちりお仕置きよ。ほら、早く入らないと人に見られちゃうよ」

キツネにつままれたような表情を浮かべて立ち止まった彼を、せかして中に入りました。爽やかな青空からまた一変、うす暗くジメッと湿気を含んだホテルの部屋にもぐり込むと、とてもイケナイことをしているような気分になってドキドキしました。

平日の朝なのに消えている部屋写真のパネルや、少し前まで人がいたことを思わせる浴室からの蒸気に、見知らぬ男女のたわむれを想像しました。

そのいかがわしい雰囲気によって、満員電車で疼いていた体に、完全にスイッチが入ったような気がします。

ベッドにドカッと腰をおろすと、立ったままとまどっている彼に、服を脱ぐように言いました。

「おろしたてのスーツが台なしね……じっくり中身を見てあげるわ」

顔を真っ赤にして、もじもじしている彼に「早く！」と叱り口調で言いました。

「若い娘を苦しめて、辱《はずかし》めた罰よ。これくらい、なんでもないでしょう？」

化けの皮を剝いでいくような気分でした。

まじめなサラリーマンを装《よそお》うスーツやネクタイがはずされていく様子を、愉しみながら見物したのです。

やがて、まだ少年ぽさの残る華奢《きゃしゃ》な体が露《あらわ》になると、胸がときめきました。贅肉まみれの夫とは、まるで違う生き物のように見えて、新鮮だったのです。

「パンツはまだはいていていいわよ。こっちにいらっしゃい」

手招きして、足元の床に正座させました。

いろいろと質問していくと、彼女がいないことがわかりました。だからといって、痴漢をしていいはずはありません。彼くらいのルックスならば、私みたいにやりたがる女はいくらでもいそうでした。

正座した彼の目の前に脚を放り出すと、スカートがずり上がって、太ももまで丸見えになりました。

「慣れないヒールで脚がむくんじゃったわ。あなたのせいよ。さあ、脱がせて」

パンプスのつま先で顎をつつくと、彼は目を丸くして、足元と太ももを交互に見つめてきました。そして、震える指先で、パンプスを脱がしはじめたのです。

痴漢という犯罪を大目に見るのだから、少しくらい乱暴な態度を取っても許されるような気がしました。そして相手が痴漢だからこそ、気取ることなく、欲望を剝き出しにできたのかもしれません。

目の前にいる彼は、まるでおびえた小動物のようで、意のままに動いてくれました。そんな彼の態度が私を勢いづけ、ますます大胆にさせていきました。

ストッキングに包まれたつま先で、彼の股間をなぞりました。

「あっ！」と声を出した彼は、それを避けるわけでもなく、むしろ自分から腰を突き出してきたのです。

トランクスの上から、足の甲をグイグイ押しつけると、ゴムのような感触だったそこが、しだいに硬くなってくるのがわかりました。

「あら、大きくなってるの？　足蹴にされて勃起するなんて、やっぱり変態なのね」

さらにスカートをたくし上げて脚を開いていくと、血走った彼の目が、スカートの奥をのぞき込むように見つめてきました。

硬いモノはぐんぐんと力みを増して、私の足を押し返してきました。

「もっとお仕置きされたいみたいね。娘に悪さをしたモノを出してごらんなさい」

つま先でコンコンと股間をたたきながら、脱ぐように命じると、のっそり立ち上がった彼は、恥ずかしそうに身を屈めてトランクスを脱ぎはじめました。

私はその様子を、固唾《かたず》を呑んで見守っていました。

服を着たままの私の前で、自分だけ全裸にされるのは、さぞ恥ずかしいだろうと思いましたが、彼が恥ずかしがるほどに、私の股間は疼きました。

自分より弱い相手をジリジリ責めて興奮するなんて、ひょっとしたら、痴漢をする心理に近いのかもしれません。

全裸になった彼は、両手で股間をおおっていましたが、激しくそり返ったペニスは、陰毛を押しのけて、指のすき間からはみ出して見えました。

「隠しちゃダメ！　かわいい顔して立派なモノ持っているのね。こっちに来なさい」

そう言って、再び彼を足元に座らせました。

膝頭に、彼の熱い息がかかりました。

「うちの娘に、二度と手を出さないと約束するなら、さわらせてあげるわよ」

さわってほしくてたまらなかったくせに、痴漢にねだるのはさすがにプライドが許さず、そんなふうに誘導していました。

彼は「約束します」とうなずいて、目をぎらつかせました。

そっと伸びてきた指先が、太ももの間にすべり込んでくると、体がビクッと震えました。ねちっこく、感触を確かめているような、痴漢独特のさわり方でした。

ストッキングのスベスベとした感触と、ボリュームのある贅肉の柔らかさを堪能《たんのう》するかのように、彼の手はしばらくの間、脚の上を這い回っていました。

娘のお尻をなでていた、本物の痴漢の手になでられているというおぞましさが、現実離れした興奮をもたらしました。皮肉にも、そんな魔の手によって、私の体はどんどん昂《たかぶ》っていったのです。

「ン、アアン！　そのさわり方……さすが痴漢ね、いやらしいわ！　アハッン」

のけぞってよがる私を見て、彼の手は自信をみなぎらせはじめていました。下半身から、ゆっくりと胸元に移動してきて、乳房をもみはじめたのです。

最初は優しくもんでいましたが、やがて、ブラウスがくしゃくしゃになるほど強くもまれました。

ブラウス越しにこすられた乳首が、コリッととがりました。

「うっ、ううんっ！　ハァ、ハァ、痴漢に感じちゃうなんて！　アァ、いやだわっ」

ブラウスのボタンをはずされて、ブラにくるまった乳房が飛び出しました。娘のような張りはありませんが、巨乳の部類で、夫のお気に入りのおっぱいです。

彼も興奮を隠さず、鼻息を荒くしてブラを押し上げてきました。

「大きいおっぱいですね……乳首もビンビンに立っていますよ」

飛び出した乳房を、ムニュムニュともまれていると、下半身にも刺激が欲しくなりました。

「ハアッ、お股がびしょ濡れになっちゃったわ。舐めてきれいにしてちょうだい」

私はベッドの上に、あおむけで倒れました。

馬乗りになってきた彼は、オドオドした手つきでスカートをまくり上げ、ストッキングをおろしはじめました。

「うわぁ！　ほ、本当だ……パンティが、ヌルヌルです」

そのヌルつきを指でなぞりながら、ブルブル震える太ももの間に、頭をねじ込んできました。

いよいよショーツを脱がされると、両脚に力が入ってしまい、無意識のうちに彼の顔をぎゅっと締めつけていました。

太もものすき間から、彼のうめき声が聞こえました。

経験があまりないらしく、ざらついた舌先が脚のつけ根や陰毛の上を、迷うように動き回ってきました。

「そこじゃないわ、もっと下よ！　アハ、アハッ、そう、そこ、そこよ！」

這い回っていた舌が、ぷっくりと勃起したクリトリスを探り当ててきました。女のそこが、どれほど敏感かも知らないようで、いきなり激しく舐め回してきました。

「アッハン、若いから激しいのね！　アッハァ、きれいになるまで舐めていなさい！」

唾液をすすりながら、彼が上擦った声で答えました。

「舐めても舐めても、出てきますよ！」

彼は両手で私の脚をさらに開き、煌々《こうこう》と灯《とも》る明かりの下で、じっと股間を見つめてきました。

「ハァ、ハァ！　こんなに濡れたオマ〇コ、初めて見ました！」

彼の昂った声が聞こえてきて、見るとクンニをしながら、自分の股間をこすりはじめていました。

「ちょっと！　なに勝手にさわってるの。これはお仕置きなんだから、我慢しなさい」

まだ挿入してもらっていないのに、先に発射されてはたまらないと思い、あわてて動きを制しました。

「ほら、あなたの好きなお尻をさわらせてあげるから。娘のより、だいぶ大きいわよ」

ベッドの上に四つん這いになって、はいたままのスカートを、腰までまくり上げました。彼の顔が、すっぽり隠れてしまいそうなほど大きいお尻を、高々と持ち上げて見せたのです。

えり好みしていた痴漢が、四十過ぎの自分にも発情しているのが、うれしくてたまりませんでした。

彼はハァハァ言いながら、しばらくなで回していましたが、やがて、我慢できなくなったようで、濡れた溝に硬いモノを押しつけてきました。

こんなに硬い凶器をお尻に押しつけられたら、初心《うぶ》な娘はどれほど怖かったことだろうと思いました。

「こんなもの、私が締め上げてやるわ！　さあ、悪いおち○ちんを早く入れなさい！」

引き裂くように開かれたお尻の中心に、とがった先端がジュボッとめり込んできました。

「覚えておきなさい！　こうして、スカートの中に入れるほうが気持ちイイでしょ？」

彼は大好きなお尻をがっちりとつかみながら、激しく腰を振り立ててきました。

「ハイッ！　すごく気持ちがいいです！　デカい尻に押し潰されそうです！」

彼が腰を振る速度より速く、自分から腰を振って、奥へ奥へと導いていました。呑み込んだペニスを容赦なく締め上げると、激しい摩擦の快感が襲ってきました。

「アアッ、硬いっ！　痴漢のモノで……やだ、イッちゃうわっ！　イクウッ！」

私はカビ臭いシーツに顔を埋めながら、お尻を振ってイってしまいました。朝の化粧は剝がれ落ち、セットした髪もボサボサになっていました。

「イクときは外に出すのよ！　痴漢をしなくていいように、いっぱい出しなさいっ！」

抜かれたペニスはお尻の上でこすられて、割れ目にドピュッとかけられました。細い体からよくも出たと思うほどの大量の精液が、お尻に滴《したた》っていました。

汚れた体をシャワーで流して部屋に戻ると、彼の姿は消えていました。

外に出ると、まぶしいほどの太陽にさらされて、急に恥ずかしさが込み上げてきました。

それからしばらくの間、娘の通学のお供をしていましたが、二度と彼の姿を見ることはありませんでした。痴漢被害もなくなりましたが、うれしいようなさびしいような、複雑な気持ちでした。

あのとき見逃してあげたのだから、いまごろ彼が立派な社会人に成長してくれていることを願っています。

海辺の民宿に泊まりに来た謎の美女……憧れつづけた先輩と感涙の不倫セックス

加藤清人　民宿経営・四十一歳

海辺の漁村で、親の代から民宿旅館を経営しています。

長年、スマートな旅館やホテルの出現に身を細らせていますが、私自身は、なくなりそうでなくならない、日本の文化の一つだと開き直っています。

数年前のあるとき、春先のまだ肌寒い日に女性が一人で泊まりにきました。

都会風の垢抜けた身なりで、私と同じぐらいの四十過ぎに見える美人でした。

「あのお客さん、ヘンなこと考えてないかしら？　持ち物も少ないし……」

お部屋にご案内した妻が言いました。

うちではまだありませんが、旅先で命を絶とうと考える旅行者はいます。

「あんた、お茶を出してちょっと様子を見てきてよ」

「わかった」

ひなびた民宿ですが、できる限りのサービスはしていました。お恥ずかしい話ですが、青年のころは日本一のホテル王を目指していたものです。

「お邪魔いたします。お茶をお持ちしました」

私はその女性の部屋を訪れました。

「あら、ありがとう」

私の第一印象は、妻とはちがって、明るいこざっぱりした美人ということでした。白いブラウスに赤いカーディガン、そして赤いスカートは年齢のわりに短めに感じましたが、スラリとしたスタイルのいい体形だったので、わかってやっているのだろうと思いました。

ただ、いわゆる旅行者の装《よそお》いには私にも見えませんでした。

「ご旅行ですか？」

長年の経験で、お客から控えめに話を聞きだすコツを身に着けていました。

「いえ、Uターンです。私、ここの地元なのよ」

意外な答えに、ちょっと驚きました。

「高校を出て東京に出て、結婚して失敗して、結局ここに戻ってきたの。うふふ、よくあるパターンでしょ？」

女性はやや自虐的に笑いました。赤い唇が妖艶《ようえん》にゆがんだのが印象的でした。

美人客の顔をまじまじと見つめ、やっと疑問がわきました。

「地元に戻って、なんで民宿に来るんです？　ご実家のご家族がお待ちじゃないんですか？」

「家には明日帰るって言ってあるの。その前に、この町に帰郷のあいさつのつもり。Uターンなのにセンチメンタルジャーニー。古いかしら、うふふ」

美人の顔を見つめるうち、その顔に見覚えがあることに気づきました。

「あの、まちがっていたらすみません。お客さん、渡辺《わたなべ》さんじゃありませんか？　その○○中学出身の？　昭和○○年卒業の」

「そうですけど？」

彼女はキョトンとしました。美人が目を丸めた顔もかわいいものだと思ったのを覚えています。

「私もそこの中学の出です。渡辺さんの二年後輩に当たります。あの当時、渡辺さんは三年生だったけど、一年生の間でも美人ですごい評判でしたから」

古い記憶をたどりながら、私は興奮気味に話しました。

「あら、奇遇ね。うふふ、なんだか恥ずかしいわ」

「いつも男子に囲まれてましたね。何度か廊下ですれ違いましたけど、ドキドキしたもんです。一度目が合ったんですが、冷たくそらされましたよ」

「あら、ごめんなさい。二十五年ぶりだけど、おわびしますわ」

話をきらう様子はなかったので、私は地元や中学の話を振りました。危険な旅でないこともわかり、私はすっかり安心していました。

「ご主人は、ずっとこちらでお仕事を？」

「あれから高校を出て、すぐ親父の跡をついで、ずっとここにいるんですよ」

渡辺さんが避けたいであろう東京の話はそもそも出ません。彼女が女王でいられたここしか、共通の話題がないのです。

「これはいけません、すっかり話し込んでしまった。どうぞごゆっくり」

調子に乗って話し込んでいたことに気づき、あわてて言いました。

「ご主人、よかったら、このあともお話しできません？　なつかしくて……」

風紀上、夜の異性客のところに行くのは当然好ましくありません。

しかし私は、自分でも意外なことを口にしていました。

「清算やら片づけやらで、お伺いするのは夜も遅くなると思いますが……」

「かまわないわ。私も不安で、夜、眠れそうもないし……」

悩ましくゆがむ赤い唇に目が奪われました。

「では、すみませんが、わたしのことは、ご主人ではなく、加藤と呼んでいただけませんか？」

それこそ、一秒前まで自分でも思ってもいなかった言葉でした。

「加藤さんね」

「いえ、できれば加藤君で、なんなら加藤と呼び捨てにしていただいても」

「うふふ、わかったわ、加藤君」

頭を下げて部屋を下がると、経験したことのない胸の高まりを覚えました。

妻には怒られました。帰りが遅いので、自殺を思いとどまらせるのに苦労しているのかと、気が気ではなかったと。

「どうしたの？　ヘンな考えしてる客じゃなかったんでしょう？」

妻が私を見て言いました。ぼうっとしていたのを、考え込んでいるように見えたのでしょう。

妻には、あの客が地元出身で、それで話が盛り上がったとだけ言いました。

通いの料理人に翌日の仕込みの指示をして、食事や風呂など自分のことをしてから、営業日報をつけました。

「私は帰るわよ。あんたは？」

「食材発注のフォームを作り直す。今夜はここで仮眠するかもしれない」

うちの旅館民宿のすぐ隣が、生活のための自宅でした。

夜の九時になりました。私は冷蔵庫から自分用に買っておいたビールをコンビニの袋に入れ、足音を忍ばせて渡辺さんの部屋に向かいました。

「お邪魔いたします」

あくまでお客様の個室への訪問というかたちで、私は重々しく頭を下げました。

「いらっしゃい。入ってください。お待ちしてたのよ」

渡辺さんは温泉に入り、浴衣姿でした。お化粧もしていないのに、顔がなまめかしく赤らんでいました。見ると座卓の上には小さなウィスキーのボトルがありました。

「差し出がましいようですが、おビールをお持ちしました」

個別に客にサービスするのが問題なのはわかっていますが、白々しく私は言いました。缶ビールのフタを開け、渡辺さんの前に差し出しました。

「ありがとう。あなたもおかけになって」

小さな座卓に向かい合って座り、缶ビールで音の鳴らない乾杯をしました。

「学園の女王のご帰還を祝して」

渡辺さんはちょっと悲しそうに失笑しました。

幸いというか、暗い酒にはなりませんでした。お酒の力で饒舌《じょうぜつ》にはなったのですが、いじけた雰囲気にはならなかったのです。

「東京にはね、見た目にはスマートな男性はいっぱいいるのよ。見た目にはね」

それは別れた男性のことらしいですが、深くは突っ込みませんでした。

渡辺さんは浴衣をキチンと着ていましたが、胸元を見て目を疑いました。乳首が浮き出ていたのです。ブラジャーもスリップも着用せず、裸の上にじかに浴衣を羽織っていたのです。

年がいもなく、ドキドキしてしまいました。

「加藤君がうらやましいわ。ここでちゃんと根を張ってお仕事してるんだもの」

「代わり映えしない毎日ですよ。いろいろあがいてはいるんですがね。息子や娘も反抗期で、こんな父ちゃんみたいになりたくないと思ってるみたいで」

「私なんて、家族さえつくれなかった……」

えらくトーンダウンしたのであせりました。

しかし落ち込んだわけではなさそうでした。

「うらやましい……」

腕を枕にして座卓に顔を伏せ、なんと一秒後に寝息を立ててしまったのです。

「渡辺さん、いけません。風邪をひきますよ」

下心がないではなかったのですが、まずは客の健康です。

私は立ち上がり、渡辺さんの肩に手をふれ、起こそうとしました。

斜め上から見おろす格好になりましたが、そのとき見てはならないものを見てしまったです。

ゆるんだ浴衣の胸元から、渡辺さんの乳房と乳首がまともに見えたのです。

酔って話し込んでいるうちに開き、浴衣の腰ひももゆるんだのでしょう。

ですが、じっとのぞき込んでいるわけにはいきません。

「渡辺さん、お布団に行きましょう。風邪をひきます」

私は腰を落とし、渡辺さんの両腕を支えながら、耳元にささやきました。

「ううん……」

渡辺さんは目も開けず、力なく私に寄りかかってきました。

風呂上がりの渡辺さんの甘い香りが、私の鼻をくすぐりました。

「お布団に、連れていって……」

呂律《ろれつ》の怪しい声で、もごもごとそんなことを言いました。

まずは抱きかかえて、布団まで連れていこうとしました。

当然、顔と顔が非常に近くなります。そこで私たちは目が合いました。

吸い寄せられるように、私たちは唇を重ねました。

「うふん、一年生の加藤君、取り巻きをかき分けて、私に近づいてくる勇気はなかったの？」

完全に出来上がったまなざしで、渡辺さんはそんなことを言いました。その言葉で、私の旅館の大将の責任も良心も吹っ飛んでしまいました。

もう一度激しくキスをし、浴衣のすき間から手を入れました。

結婚以来、女房以外の女性のそんなところにふれたのは初めてです。

畳の上に渡辺さんを横たえさせ、私は乱暴に重なりました。

「あん……加藤君、私は逃げないわ。落ち着いて」

ほてって弛緩《しかん》した顔に笑みを浮かべ、渡辺さんは言いました。とたんに少し恥ずかしくなったものです。

浴衣の胸元を開き、乳房にむしゃぶりつきました。

「あっ、あん、加藤君たら。ああん……」

渡辺さんは私を下級生として呼んでくれました。私もそのほうが燃えました。

浴衣の上から、股間を手のひらでなでました。女性の穏やかなもっこりの形が、妻とは違っていたのが印象的でした。

浴衣のすそから、白くて長いふとももの大半がのぞいていました。ネットで見る裸の画像などより、よほど煽情的に見えました。

「私って、バカね。東京なんか行かなくても、地元にこんなまっとうに生きてる、すてきな人がいたのに……」

赤らんだ眼には、うっすらと涙が浮かんでいました。

「私は、二十五年前の自分に教えてやりたいですよ。学園一のマドンナと、将来こんなことができるって」

目を細めて笑ったために、渡辺さんの瞳から涙が流れ落ちました。

浴衣のヒモを解くと、脱がすのはラクでした。渡辺さんは煽情《せんじょう》的な赤いレースのパンティをはいていました。

パンティに両手をかけ、ゆっくりと脱がしていきました。渡辺さんもお尻を上げて気だるそうな仕草で協力してくれました。陰毛は薄めで、淫らなお汁でテラテラと光っていました。

「加藤君も、服を脱いで」

私は膝立ちのまま、大あわてで着衣を脱ぎ捨てました。それを見て渡辺さんは薄く笑っていました。興奮した中年男の所作としては見苦しかったでしょうが、渡辺さんのまなざしには、どこまでも未経験の下級生を見守る優しさが浮かんでいました。

「加藤君は、初めて？」

どこまで冗談なのか、渡辺さんは寝ているのに首をかしげて聞いてきました。

「はい、初めてです。まだ、十六歳になったばかりだから……」

調子を合わせて言うと、渡辺さんは満足したように笑いました。

開いた浴衣を布団代わりにして、全裸の渡辺さんを抱き締めました。

妻とは異なる肢体のやわらかさ、脂肪の薄さ、身長、筋肉の量など、私は全身で渡辺さんを味わいました。初めて不倫をしている強い背徳感が、私を昂《たかぶ》らせました。

激しいキスをしながら、渡辺さんの大きな乳房を乱暴にもみました。お酒とお風呂でやわらかくなっているのに、妻とちがいゴムのような弾力がありました。

「よかった……」

目が合うと、渡辺さんは小さく笑いました。

「私、ビクビクしてたのよ。もうこの町に勘当されたかと思って。でも、加藤君と話してると、許してくれるみたい」

「姫のご帰郷です。みんな大歓迎ですよ。きれいなままだし」

渡辺さんはにっこりと笑い、私の腰を両手でつかみました。

「入れて、いいですか？」

それこそ童貞のようなオドオドした聞き方だったでしょう。しかし渡辺さんは私の言葉に、妖艶に笑ってくれました。

目を合わせたまま、渡辺さんは私の勃起したペニスに手を添えました。

「女の子の入り口はね、ここよ」

また中学生に戻ったような言い方でした。心は二十五年前に飛んでいたのかもしれません。

ペニスの先が渡辺さんの性器に当たると、挿入していきました。

「ああ、あああ……ああ」

渡辺さんは顎を出し、切ない声を洩らしました。

体全部を使って、ペニスの出し入れを始めました。顔の下で上下に揺れるのが妻でないことに、言いようのない非日常感を覚えました。

渡辺さんは両脚を開き、私の腰を絡めとりました。腕も抱き締めてきたので、ピストン運動がやりにくくなりました。

すると、渡辺さんは不意に私ごと体を半回転させました。一瞬で、渡辺さんと私の文字とおりの上下関係が変わったのです。それもピストン運動をとめずに。こんなアクロバットは妻とはしたことがありません。私の上にのしかかった渡辺さんは、髪を揺らしながら激しく揺れています。大きな乳房も一拍遅れて、ダイナミックにゆさゆさと揺れていました。

私におおい被さるように揺れていた渡辺さんは、大きく上半身をそらせ、まっすぐ身を起こしたまま、下半身だけをいやらしくくねらせました。

「どう、加藤君？」

妖しい笑みをたたえたまま、渡辺さんは聞いてきました。

「すごく、気持ちいいです……」

私の心は、息子や娘よりも年下の、中学一年に戻っていました。

渡辺さんはさらに上半身を後ろに倒し、両手を畳につけてピストンを続けました。勃起ペニスを強制的に下向きにされて刺激を受けることが、白目を剝くほど気持ちがよかったのを覚えています。

そのとき、ふと疑問が生まれました。

渡辺さんの動きにはむだがなく、非常に慣れたものでした。同時に男性の昂《たかぶ》りを気にしているようでもありました。渡辺さんは東京のどこか、風俗で働いていたのかもしれない、そんなふうに感じたのです。

希望を抱いて東京に出たものの、思うような働き口がない。男性パートナーにも恵まれず、経済的に困窮し、風俗店の扉を叩く……失礼ながら、そんなストーリーが頭に浮かんだのです。

「渡辺さん、もう、出そうです……」

「あらあら、初めてじゃ仕方ないわね」

さすがにこのひと言には、失笑が洩れたものでした。

ゆっくりペニスを抜くと、渡辺さんは畳の上にうつ伏せになり、お尻を上げました。

「加藤君、後ろから、来て」

お尻だけを高く上げた、への字になった渡辺さんの背後に回りました。女性の指示に従うだけの、完全に受け身もいいものだと思いました。

「あこがれの渡辺さんの、お尻の穴まで見られる日がくるなんて……」

渡辺さんの肛門を見ながら、感慨の言葉が口を突いて出ました。

「そっちじゃないわ。まちがえちゃダメよ」

羞恥の欠片《かけら》もなく、渡辺さんは淡々とした先輩口調で注意しました。風俗勤務という無責任な想像が信憑性を増した気がしたものです。

渡辺さんの白いお尻を見つめ、自分の勃起ペニスをつかみました。こんなに痛みを覚えるほど激しく勃起したのは久しぶりでした。

数センチ開いた渡辺さんの性器に、ペニスを挿入していきました。

両手の指をいっぱいに広げ、ボリュームのあるお尻をつかんでいました。よくうるおっていて、入れにくいわけではないのに、無意識に私は歯を食いしばっていました。

「あん……そうよ、加藤君。上出来よ」

渡辺さんは横顔を畳につけ、目を閉じて荒い息を吐いていました。

すぐにピストン運動を始めました。強く締めつけているのに、たっぷりのヌルヌル感で、逆にやりやすかったのを覚えています。

「ああ、じょうず……私たち、相性いいみたい」

苦しそうな息づかいの合間に、渡辺さんはそんなことを言いました。

「加藤君、今度は視聴覚教室で……あそこ、月曜の午前中は誰もいないから」

彼女がそんなことを言ったので、驚いたものです。逆行プレイを楽しんでいるのだなと思いましたが、実際に二十五年前にそんなことをしていたのかと、ちょっと悔しくもありました。

腰を激しく振り、射精のスイッチが入りました。

「渡辺さん、出ますっ！」

「ああっ……あああっ、カズヒコォ！」

私ではない名前が出たので、射精の瞬間、目を剝くほど驚きました。東京でうまくいかなかった、男性パートナーの名前でしょうか。

コトを終えると、渡辺さんは涙を浮かべて笑っていました。

「加藤君……ありがとう。無理につきあわせてごめんなさいね。いろいろ吹っ切れたわ……」

最後に、渡辺さんは短いキスをしてくれました。

それから一カ月後、驚いたことに、また渡辺さんがウチを訪れてくれました。

その一年後に、渡辺さんはまたお金をためて別の都市に行きましたが、その間、ひと月に一度の割合で、私と不倫セックスしていました。

彼女がいま幸せに暮らしていることを、心から願っています。

学生のオナニー鑑賞に耽る熟女家庭教師
合格のご褒美に童貞卒業ナマ中出し姦！

中村志乃　家庭教師・三十九歳

私は三十九歳になる主婦です。

出産を期に予備校講師の仕事を辞め、子育てに専念してきたんですけど、子どもも中学に上がり生活がひと段落したところで、またそろそろお仕事がしたくなりました。ちょうど折よく、知り合いから「家庭教師をしてくれないか」という依頼がありました。生徒は高校三年生の男の子です。聞けば、さほど高望みの大学志望というわけでもなく、私としても社会復帰にはちょうどいい仕事のように思えました。

私は二つ返事で引き受け、さっそくご依頼のお宅に伺いました。

受け持つことになったのは、十八歳の亮平《りょうへい》くんという子でした。三年の一学期まで陸上部で鍛えていた、なかなかがっしりした少年です。

ところが体格は一人前以上なのに、女性にはあまり馴れていないようで、私に対してもおどおどしてすっかり及び腰なんです。

「緊張しないで。いっしょに合格目指しましょうね」

私が笑いかけても、亮平くんは目も合わせてくれません。

とりあえず私は、効率的な勉強法を亮平くんに伝授していきました。ですが、一カ月たっても成績は一向に上がりません。こう見えて、予備校時代はそれなりの腕利き講師だったんです。生徒に教えるテクニックには自信がありました。

でもじきに、成績が上がらない理由がわかりました。

机に向かう亮平くんのズボンの前が、パンパンに張り詰めてテントを張っているんです。

こんなところにムダなエネルギーが溜まっちゃってたら、勉強に集中できるわけありません。

私は亮平くんの耳元に、そっとささやきました。

「亮平くん、おっきくなってるでしょ、アソコ」

亮平くんは真っ赤になって否定しました。

「そ、そんなことないよ……」

私は少年を安心させるように、やさしい低い声で言いました。

「いいのよ。亮平くんの年なら、無意識に勃起しちゃうのも生理現象だから。彼女のことでも思い出しちゃったかな？」

亮平くんは小さく首を振りました。

「か、彼女なんか、いないよ……その、ぼく、先生が近くにいると、どうしてもここが勃《た》っちゃうんだよ」

「まあ、私？　ほんと？」

私は驚いて、真っ赤になっている少年の横顔を見つめました。

だって、もうじき四十路の子持ちのオバサンを、こんな若い子が異性として見てくれるなんて、夢にも思わなかったんです。

消え入りそうな小さな声で、亮平くんは続けました。

「先生、きれいだし、胸だって大きいし、それにすごくいいにおいがして、先生が近くにいると、もうたまらないんだ」

正直、悪い気はしませんでした。夫ときたら、子どもが生まれてから私のことを、オンナとして見てくれたことなんかほとんどないんです。亮平くんの言葉は、オンナの自尊心をかなり心地よくくすぐってくれました。

それに、私の体臭だけでビンビンに勃起しちゃうなんて、かわいくてしかたありません。

　でも、だからといって安易に一線を越えるわけにはいきません。私の仕事はまず、亮平くんの成績を上げて、志望大学に合格させることです。まずは勉強第一です。

　私は努めて事務的な調子で、こう切り出しました。

「勃っちゃったんなら仕方ないわ。シコってサッパリしちゃいなさい。お勉強はそれからしましょ」

「ええ……？」

　最初亮平くんは、私の言葉が信じられないといった表情でした。私はあえて淡々と、何かを握った手を上下に動かす下品なジェスチャーをしてみせます。

「オナニーくらい、あなたの歳なら毎日してるでしょ？　いま、ここですませてちょうだい。おち○ちんがそんな状態じゃ、どうせ私が何を教えても頭に入らないんだから。ほら、先生見ててあげるから、さっさと出すもの出して」

　予備校講師なんて堅い仕事はしてましたけど、実は男性経験は人一倍多いほうなんです。男性の生理についても知り尽くしています。セックスについても、考え方は開放的だと思います。

　このお年ごろの悶々《もんもん》とした男子に、性欲を抑えて勉強に集中しろなんて、しょせん無理なお話だってこともよくわかってます。

「で、でも、人前でなんて……ぼく……」

もじもじとためらう亮平くんを、私はさらにせかします。

「先生なら平気よ。男性の自慰行為なんか何度も見てるし。それに、タイプの女性に見せながらシコシコするなんて、よけいに興奮するんじゃない？」

「せ、先生がそう言うんなら……なんか、すごい恥ずかしいけど……」

覚悟を決めた亮平くんは椅子から立ち上がり、ズボンをおろしました。

現れたのは、私の想像を超える長さとそりを持つ、立派なおち○ちんでした。

でもまたオンナを知らない、清純なおち○ちんです。さっきから欲情しっぱなしなのでしょう。先っぽからは透明な先走りが蜘蛛の糸みたいに滴《したた》っています。

正直なところを言えば、すぐにもむしゃぶりついて、私の肉体でオンナの快感を教えてあげたい、そして私自身も奥までえぐられイカされたい……そう思わずにはいられない巨チンです。

「じゃあ、先生、するね……」

亮平くんは、脚を組んで座った私の体を上から下まで見つめながら、右手で真っ赤になって勃起しているものをしごきはじめました。

「ああ、先生、女の人に見られながらシコるなんて興奮するよぉ……あぁーっ、もう、すぐ出ちゃうよっ！」

「いいわ。ほら、このティッシュの中に射精しちゃいなさい。全部先生に見せて」

ほんとうに文字通りの三こすり半でした。「ううっ！」と低い声を発すると、亮平くんの巨チンの先から、みずみずしい真っ白な精液がぴゅるぴゅると吹き出しました。

「ああん、すごい！」

経験豊かな私ですが、やっぱり十代の少年の弾けるような射精は見ているだけでこっちも子宮がキュンとなるほど刺激的です。ムッとたちのぼる独特の臭気もたまりません。

「ふぅ……気持ちよかったあ」

満足そうな吐息をつく亮平くんに、私は努めて平静を装《よそお》って告げました。

「さっぱりした？　さあ、おち○ちん、きれいにしてらっしゃい」

オジサンになると絶頂とともに精根尽き果てて爆睡してしまうなんて人が多いですが、このくらいの体力のあり余った少年にとっては、射精なんか排泄みたいなものです。一度放出してしまえば、いわゆる「賢者タイム」がやってきます。頭はむしろスッキリと冴え、集中力も段違いに強くなるんです。

それ以来、私は亮平くんに、この奇妙な行為をお勉強前のルーティーンにすることを課しました。私が部屋に入るやいなや、亮平くんはいきり勃ったおち○ちんを握り、私の姿を見つめながらオナニーをして、濃厚な精子をこすり出してから勉強机に着くのです。

私の期待通り、亮平くんの勉強の効率は目に見えてアップしました。当初はいささか微妙だった志望校も、数カ月で合格可能ラインに近づいてきました。

やがて、いよいよ受験本番が目前に迫りました。亮平くんの模試成績は、まずまずのところでした。ただ、確実にするにはあとひと踏ん張りが必要でした。

ある夜、私はいつものようにオナニーを始めようとした亮平くんの手を握り、自分の乳房にふれさせました。

「え、先生……？」

「本番までもうひと息よ。でも、いまの成績だと志望校の可能性は、五分五分だわ。ここからさらに必死にがんばらないとね。合格できたら、ごほうびあげる……」

亮平くんが、ごくりと生唾を飲むのがわかりました。

「ご、ごほうびって……」

私は亮平くんの耳元にささやきます。

「志望校に受かったら、先生とセックスしてもいいよ。もうオナニーなんかしたくなくなるぐらい、いっぱいさせてあげる」

亮平くんの目は、いままでにないほど輝いていました。

「ぼ、ぼく、がんばるよ！　絶対合格する！」


そして、春がやってきました。

亮平くんは、誇らしげに合格通知を私に見せてくれました。

ご家族がみんな出払っている日に、私は約束通り亮平くんの部屋を訪れました。

「おめでとう！　よくがんばったね」

私が亮平くんのがっしりした体を抱きしめると、もう股間がパンパンになっているのがはっきり感じられました。

「先生、ホントにいいの？　その……」

「もちろんよ。先生、約束したでしょう？　今日はごほうびに、気持ちいいこといっぱいさせてあげる。ほら、先生が脱がせてあげるわね」

私は床にひざまずき、亮平くんのズボンとパンツをおろしました。

相変わらず立派なアレが、もうおへそにくっつきそうな勢いで勃起しています。

「ふふっ、相変わらず元気なおち○ちんねえ」

先っちょを指でつんとしながら私が思わず吹き出すと、亮平くんは息を弾ませながら言いました。

「だって、この半年、先生とエッチすることだけ考えて猛勉強したんだ。ぼく、もう先生の顔を見ただけでビンビンだよ……」

「ああん、うれしいわ。じゃあ先生、とってきのサービスしてあげる」

私は舌を出し、カチカチになって先走りに濡れている亀頭ちゃんを、ぺろっとしてあげました。それだけで初心《うぶ》な亮平くんは頭をのけぞらせ、「うおっ！」と大きな声をあげちゃうんです。なんてかわいいんでしょう。

私は舌を竿に絡ませながら、ゆっくりとソレをお口に含んでいきました。お口いっぱいに広がる、青臭い少年の性のにおいは最高です。

「あっ、先生にしゃぶってもらえるなんて、最高だよおっ！」

さらにお口全体でちゅぱちゅぱしてあげると、刺激が強すぎたんでしょうか、あっという間もなく亮平くん、腰がわなわなしちゃって……。

「あ、あ、ダメだよ、先生っ……出ちゃううっ！」

あら、もう？　と思ったときには、お口の中でおち○ちんが弾けて、こってり精液がどぴゅどぴゅっと発射されちゃいました。でも、童貞おち○ちんの初フェラお洩らし汁を直接いただけるなんて、うれしくって。亮平くんのお尻を抱きしめて、最後の一滴までごくごく吸い出してあげちゃいました。

亮平くんは心配そうに、私の顔を見つめました。

「ご、ごめんなさい……でも、まだ終わりじゃないよね？」

「うふふ、もちろんよ。次はベッドで、たっぷりとね？」

私は亮平くんにじっくり見せつけるように、ワンピースを脱ぎ捨てました。Gカップのブラを取ると、ちょっぴり垂れ気味のおっぱいを持ち上げてみせます。

「どう、先生の体？　またおち○ちん大きくなった？」

答えは聞くまでもありません。亮平くんのソレは、発射したてとは思えないくらいほどフル勃起のままです。

「先生っ、ぼくもう、ガマンできないよっ！」

ベッドの上で、亮平くんが私に襲いかかってきました。

荒々しくおっぱいをつかんで、痛いくらい乳首を吸うんです。稚拙《ちせつ》な責めでしたけど、初々しくて愛おしくて、私はそれだけですごく感じちゃいました。

やがて亮平くんは、私のパンティに手をかけました。馴れない手つきで下着を脱がせてもらった私は、亮平くんの前に惜しみなく女性自身を広げて見せてあげました。

「ほら、見てぇ、先生のアソコ、どう？　いやらしいかたちしてるでしょう？　いやらしいにおいもする？　亮平くんとエッチしたくて、こんなに濡れちゃった」

「ああすごい……先生のここ、ビラビラが大きくて、もうとろとろだ。ここに、ほんとにぼくの入れていいの？」

私は亮平くんのはちきれそうなソレをそっと握り、自分の中へと導いていきます。

「いいのよ、入れて……亮平くんの初めて、先生にちょうだい。二人でいっぱい、気持ちよくなろうね」

こわごわと、亮平くんのおち◯ちんが私の中に分け入ってきました。まだ自信なげだけど、大きくて硬いペニスが、私の膣を満たしていきました。

「ああすごい。亮平くんの、大きいねえ。先生の中、パンパンになってる。はああ、すっごくいいわ。亮平くんはどう？　気持ちいい？」

亮平くんは目をぎゅっと閉じて、生涯初の快感に打ち震えていました。

「は、はい……女の人のおま◯こって、こんなに気持ちいいんだね」

「そうよ、ほら、ゆっくり動いて……そうそう、じょうずよ。ああ、亮平くんの、カリがこすれて先生たまんない。出して、入れて……ああんっ、感じちゃうっ！」

初体験の挿入で、そうそうピストンのコントロールができるわけもなく、すぐに亮平くんの顔は真っ赤になって、ペニスがひきつりそうになっているのが感じられました。

「ああ先生、先生っ、ぼく、イクっ……！」

「いいわっ、そのまま、中でイッて！　遠慮しないで、先生のお腹の中に、精子全部出していいのよ！」

亮平くんは最後の一突きを入れると、「ううーっ！」と激しく吠えました。亮平くんが初めて女の中に放った熱い白濁が、子宮にどっと注がれます。

それがたまらなく感動的で、私も気づくと全身が震えてイッていました。

もちろん、それで終わるような少年の精力ではありません。

亮平くんのアレは、射精が終わったあとも私の中でまだギンギンのままです。

「うふふ、全然治まらないじゃない、亮平くんのおち○ちん」

「だって、先生のここ、気持ちよすぎて、まだ何回でもしたいよ……」

私は亮平くんとつながったまま、ゆっくりと身を起こしました。

「いいわよ。今日は一生に一度の記念日だから、亮平くんのタマタマが空っぽになるまでさせてあげる。次は、先生が上になって動いてあげる……」

騎乗位のポジションに変わった私は、今度はじっくりと自分のペースで亮平くんを責めてあげます。貪欲なおち◯ちんを咥え込んだまま、腰骨を淫らに前後左右に振って、受け身の悦びを教えてあげるんです。

もちろん私も、動けば動くほどそり返った力強いペニスに内側の敏感なツボをコリコリされて、こらえられない気持ちよさです。

「ああっ、やだぁ、先生、腰が勝手に動いちゃうっ！　亮平くんも感じるでしょ？　はああ、亮平くんのデカチン最高よおっ！」

「せ、先生っ……お尻の動きがすごくいやらしいよ！　それにおっぱいがぶるんぶるんしてるのもよく見えて……ああ、すごすぎる！」

すっかり汗ばんだ私の肉体が、悩ましく腰を振り立てる姿が目からの刺激になって、亮平くんの感度もますます上がっているようです。私の中で、ペニスがいままで以上に熱を帯び、びんっと硬くなっています。まるで鉄の棍棒です。

それが膣奥までえぐってくれるのがあまりに心地よくて、私いつしか、亮平くんにサービスしてあげるというより、自分自身の悦楽に恍惚《こうこつ》となっていました。

私のピストンは、とめどもなく速くなっていきました。同時に、粘膜の快感がどうしようもなく高まって、高まって……。

「あはぁーっ、いいんっ、すごいのよぉ亮平くんっ！　ああ先生イッちゃうっ。亮平くんの童貞おち○ちんで先生もイッちゃうのっ！　あっ、あっ、あっ、もうすぐっ！　亮平くん見てぇ。先生がイクとこも見てぇっ！　あはぁっ、イックぅうーっ！」

私は亮平くんの上でぴくぴくぴくっと痙攣して、達していました。夫との行為ではもうしばらく感じていない、深い深い絶頂でした。

同時に、亮平くんも射精するのがわかりました。三発目とは思えない量と勢いで、あったかい精液が私の中を、いっぱいに満たしてくれていました……。

結局、亮平くんとはそれっきりになりました。

その後は彼女も出来て、大学生活を満喫していると聞きました。

私はといえば、童貞クンの筆おろしをしてあげるのがすっかり病みつきです。いまでは、童貞丸出しの男子学生ばかり選んで家庭教師を続けています。

次の春には、何人の童貞をいただけるかしら……いまからとても楽しみです。

◉読者投稿手記募集中！

素人投稿編集部では、読者の皆様、特に女性の方々からの手記を常時募集しております。真実の体験に基づいたものであれば長短は問いませんが、最近のSEX事情を反映した内容のものなら特に大歓迎、あなたのナマナマしい体験をどしどし送って下さい。

●採用分に関しましては、当社規定の謝礼を差し上げます（但し、採否にかかわらず原稿の返却はいたしませんので、控え等をお取り下さい）。

●原稿には、必ず御連絡先・年齢・職業（具体的に）をお書き添え下さい。

〈送付先〉
〒101-8405
東京都千代田区神田三崎町2－18－11
マドンナ社
「素人投稿」編集部　宛

◉新人作品**大募集**◉

マドンナメイト編集部では、意欲あふれる新人作品を常時募集しております。採用された作品は、本人通知のうえ当文庫より出版されることになります。

【応募要項】 未発表作品に限る。四〇〇字詰原稿用紙換算で三〇〇枚以上四〇〇枚以内。必ず梗概をお書き添えのうえ、名前・住所・電話番号を明記してお送り下さい。なお、採否にかかわらず原稿は返却いたしません。また、電話でのお問い合せはご遠慮下さい。

【送付先】 〒一〇一‐八四〇五 東京都千代田区神田三崎町二‐一八‐一一 マドンナ社編集部 新人作品募集係

禁断白書《きんだんはくしょ》 忘れられない春の熟女体験《わすれられないはるのじゅくじょたいけん》

二〇二一年 五月 十日 初版発行

編者◉素人投稿編集部【しろうととうこうへんしゅうぶ】

発行◉マドンナ社
発売◉二見書房
東京都千代田区神田三崎町二‐一八‐一一
電話 〇三‐三五一五‐二三一一(代表)
郵便振替 〇〇一七〇‐四‐二六三九

印刷◉株式会社堀内印刷所 製本◉株式会社村上製本所 落丁・乱丁本はお取替えいたします。定価は、カバーに表示してあります。

ISBN978-4-576-21053-7 ◉Printed in Japan ◉©マドンナ社